차갑고 뜨거운 종합예술인

드라마PD

민연홍 지음

TaLK SHOW

“
사랑하면 알게 되고 알면 보이나니
그때 보이는 것은 전과 같지 않으리라.
”

- 『나의 문화유산 답사기 1』 서문 중 -

"
A good story should change
the way you see the world.
"

- 척 팔라닉, Chuck Palahniuk -

C·O·N·T·E·N·T·S

C·O·N·T·E·N·T·S

드라마PD 민연홍의
프러포즈

PROPOSE

안녕하세요. 청소년 여러분들을 드라마 제작 현장으로 안내할 드라마PD 민연홍입니다.

이 책을 열어본 여러분들이라면 분명 재미있는 이야기에 호기심이 많은 사람일 거라 짐작해요. 이미 마음속에 재미난 이야기보따리를 한가득 가지고 있을 수도 있고요. 머릿속에 그려본 대로 펼쳐지는 세상. 그게 드라마고, 그걸 만들어가는 여러분의 인생이 더 멋진 드라마겠죠. 이 책이 여러분들의 설레는 첫걸음에 작게나마 도움이 되었으면 합니다.

요즘만큼 이야기가 풍성한 시절이 있었을까 싶을 정도로 드라마, 영화, 웹툰, 웹소설, 셀 수 없이 많은 이야기가 우리들을 둘러싸고 있어요. 그리고 다양한 매체를 통해 전 세계의 이야기를 손쉽게 접할 수 있는 시대에 여러분이 태어났고요. 이야기를 즐기는 방법에 있어서는 여러분들이 여느 어른들보다 더 선구자일 거라 장담해요.

사람들은 이야기에 기뻐하고 슬퍼하고 감동하고 때론 실망하기도 하죠. 그 뒷이야기가 어떻게 이어질지 궁금해하며 몇 날 며칠을 손꼽아 기다리기도 하고요. 사람들과 즐겁게 대화를 나누는 화두가 되기도 하고, 해석이 엇갈릴 땐 다툼의 중심에 이야기가 있기도 해요.

그렇게 인류는 이야기에 열광하며 살아왔습니다. 재미있는 이야기를 들려주며 1,001일 밤을 살아남아 폭군의 잘못을 깨우치게 한 〈아라비안 나이트〉의 설화처럼 이야기는 많은 것을 바꿀 수 있는 큰 힘을 가지고 있기도 하죠.

제가 세상 사람들을 상대로 이야기하고 싶었던 이유도 그랬습니다. 세상을 더 좋은 방향으로 변화시키고 싶었고, 그러기 위해서 영향력이 필요했어요. 그 방법을 찾아 여러 가지 길을 걷다 보니 지금처럼 드라마PD가 되었고요.

드라마는 그 무엇보다 매력적인 매체랍니다. 많은 사람이

집에 모이는 프라임 타임 시간대에 TV를 통해 방송되기도 하고, OTT 인기 순위 상위권엔 늘 드라마가 랭크되어 있죠. 굳이 TV 앞에 앉지 않아도 언제 어디서든 편한 방법으로 드라마를 볼 수 있어요. 이만큼 많은 사람들에게 내 이야기를 들려줄 방법이 또 있을까요? 전 세계에 동시 공개되며 글로벌 유행을 만들기도 하니까요.

한 회가 끝나면 주인공이 어떻게 될지 궁금해서 잠이 오질 않죠. 잠을 포기하고 한 번에 몰아보면 먼동이 터오기도 하고요. 다음 이야기를 상상하며 내가 생각한 대로 이야기가 전개될까? 정답을 맞히듯 보기도 하고, 서로 내 추측이 맞을 거라며 열띤 설전을 벌이기도 해요.

그렇다면, 재미있는 드라마를 만드는 사람이 되려면 어떻게 해야 할까요? 저와 함께 드라마 투어를 하면서 차근차근 각자의 드라마를 꿈꿔봤으면 해요.

첫인사

 토크쇼 편집자

 드라마PD 민연홍

편 민연홍 PD님, 안녕하세요? 저는 〈미씽〉이라는 드라마를 감동적으로 시청했던 팬입니다. 저희 엄마는 PD님이 만든 〈해피시스터즈〉라는 작품을 열렬히 시청했고요. 따뜻한 드라마로 감동을 주신 PD님을 인터뷰하게 되어 정말 기쁩니다.

민 재미있게 봐주셨다니 정말 감사하고 제가 더 기쁩니다. 2대에 걸친 드라마 팬 가족을 이렇게 만나니 너무 반갑고, 감사해서 몸 둘 바를 모르겠어요. 그리고 미래를 꿈꾸는 청소년들에게 이렇게 제 경험을 나눌 기회를 주셔서 감사합니다. 이번 만남을 위해서 저도 그동안의 시간을 돌아보며 많은 생각을 했어요. 흐뭇하게 추억을 떠올리기도 하고 한편으로 반성도 하고요. 늘 드라마만 생각하다가 정작 저를 돌아보는 시간은 부족하기만 했는데, 저에게도 이 시간이 너무 소중하고 감사했습니다. 따뜻한 드라마로 감동을 주는 일이 저의 첫 번째 목표였는데, 작게나마 꿈을 이루어서 너무 행복합니다.

편 넷플릭스, 디즈니플러스 등 온라인을 통한 미디어 서비스 시대를 살아가고 있죠. 스토리의 시대, 드라마의 시대라고 생각합니다. 그 중심의 축이 되는 드라마PD 직업을 갖고 계신데요, PD님은 지금의 드라마 시대를 어떻게 바라보시나요?

민 '드라마 천국'이라는 말이 딱 들어맞는 시대라고 생각해요. 특정 시간 특정 채널에서 TV를 통해서만 접할 수 있었는데, 이제는 모바일 네트워크를 통해 시공간을 초월해서 누릴 수 있는 상황이 되니 그만큼 원하는 곳이 더 많아졌어요. 글로벌 OTT 덕분에 전 세계 어디를 가도 같은 스토리를 주제로 대화를 나누는 시대가 됐고, 그만큼 지구촌이 가까워진 느낌이라고 할까요? 우리가 해외 시리즈를 즐겨보는 것만큼 해외에서도 한국 드라마를 많이 사랑해 주고 있죠. 재미있는 드라마를 많이 만들어내다 보니 대한민국이 아시아권 드라마의 메카로 자리매김하게 되었어요. 해외에서 우리 드라마를 사랑해 주는 만큼 더 잘 만들어야겠다는 부담도 큽니다. OTT를 통해서 여러 나라의 드라마와 비교하면서 볼 텐데, 글로벌 스탠더드를 뛰어넘는 작품을 만들어야 한다는 생각이 들 땐, 이미 세계무대의 최전선에 나와 있는 느낌이기도 해요.

편 드라마PD는 만능일 것 같습니다. 대본도 분석해야 하고, 다양한 전문가들의 업무를 조율하고, 배우들의 연기를 보는 눈도 있어야 하고, 시청자들의 입장과 작가의 입장을 다 아우르는 힘이 있어야 하는 직업일 것 같아요. 청소년들이 이 직업을 어떻게 바라보고 다가오기를 바라시나요?

민 정확하게 보셨어요. 실제로 종합예술인이 되어야 하고 만능 재주꾼이 되어야 하는 자리입니다. 대본을 분석할 때부터 차가운 이성과 뜨거운 감성이 공존해야 하기에 늘 어려운 일이라 느껴요. 작가들과 원활한 논의를 하려면 이야기를 만드는 스토리텔러 입장에서 바라보는 시선이 필요하지만, 시청자 관점은 더더욱 중요하게 고려해야 하니 늘 마음속에서 충돌이 있어요. 어렵게 만들어냈어도 시청자들이 재미없어 할 것 같다는 생각이 들면 가차 없이 버릴 줄도 알아야 하고요. 각 분야의 전문가 수십 명이 모여서 협업하기 때문에 기술적으로는 좋은 의견과 제안이 많아요. 하지만 모든 방법을 택할 수 없기에 그 장면과 이야기 흐름을 위해 최선의 방법을 택해야 하는데, 그런 의견 조율과 빠른 판단 능력이 드라마PD에게는 가장 필요한 덕목이라고 할 수 있어요.

배우들의 연기를 이해하고 지휘하기 위해 캐릭터에 빙의해서 직접 소리 내 연기를 해보기도 하고, 동선을 움직여보며 리얼한 액팅을 고민하기도 합니다. 대본에 쓰여있는 글을 읽는 것과 직접 몸으로 해보는 것은 큰 차이가 있어요. 그걸 이해하지 못하면 배우들에게 정확한 디렉션을 줄 수 없기에 진지하게 연기를 대하면서 자신의 '끼'를 끌어내는 능력도 중요해요. 결과적으로 '머리는 차갑고 가슴은 뜨거운 종합예술인이면서 기술적으로는 현명하고 빠른 결정을 내리는 지휘자'가 되어야 한다는 건데, 머리 아프고 쉽지 않은 일이지만 그 반대를 생각하면 그만큼 성취감도 높은 일이라 할 수 있겠죠.

편 영상 스토리를 통해 사람들에게 위로와 따뜻함을 건네주는 만큼 PD님의 마음에도 위로와 행복, 사랑이 가득하신가요?

민 제 마음에도 늘 그런 것들을 가득 채워 다니려고 노력합니다. 앞서 얘기했듯이 각 분야의 다양한 의견과 충돌 틈에서 올바른 판단을 끌어내고 마음의 평화를 유지하기는 쉽지 않아요. 대부분이 시간에 쫓기면서 정해진 스케줄을 소화해야 하는 일이기 때문에 '오늘 못하면 내일 하면 되지!'라고 마음먹을 수 없는 순간의 연속이기 때문이에요. 하지만 '현장이 행복하지 않으면 시청자들에게 전하는 행복도 거짓되어 보이지 않을까?'라는 걱정을 늘 하죠. 스태프와 배우들이 편하고 행복한 무대에서 각자의 능력을 발휘할 수 있도록 현장을 이끌어가는 것을 철칙으로 생각하고 촬영에 임하고 있습니다. 가끔 촬영장이나 편집실에서 모니터 속 연기를 볼 때나 현장에서 스태프들이 하나같이 애쓰는 모습을 보다가 감동할 때도 있어요. 방송 후 시청자들의 반응을 보면서 울컥할 때도 있고요. 그런 마음들이 작품에 녹아드는 게 아닐까 싶어요.

편 저는 지금까지 많은 직업인을 인터뷰했는데요, 제가 만나 뵀던 분들은 일하는 장소는 바뀌었어도 하나의 직업 세계에서 오랫동안 깊이 탐구한 분들이 대부분이었습니다. 진정한 직업 인이란 어떤 사람일까요?

민 작품을 할 때 일하는 장소는 늘 천차만별이지만, 드라마 PD는 자나 깨나 작품에 빠진 사람들 같아요. 제가 경험했던 선후배 PD들도 모두 그런 사람들이었고요. 뉴스를 보고 밥을 먹을 때도, 차를 타고 어딘가를 지날 때도, 그 순간순간 보이고 생각나는 것들을 드라마에 적용할 생각이 먼저 들 때가 많아 요. 예쁜 풍경을 보면 거기서 어떤 장면을 찍으면 좋겠다고 생 각하고, 재미난 상황이 있으면 늘 메모해뒀다가 캐릭터에 적 용해 보기도 하죠. 드라마라는 것이 어떤 특수한 기술을 연구 한다기보다는 인간의 마음과 행동을 연구하고, 우리 생활 속 벌어질 수 있는 에피소드를 다루는 일이다 보니 더더욱 일상 이 업무의 연속이 되는 측면이 있어요. 이 정도면 드라마PD가 '진정한 직업인' 몇 손가락 안에 들지 않을까요?

편 저는 세 아이를 키우는데, 세 명 다 드라마 마니아예요. 자극적인 소재의 드라마부터 심오한 주제의 드라마까지 아이 들은 마치 이야기 유전자를 갖고 있는 것처럼 드라마를 좋아하더라고요. 인간은 이야기를 궁금해하고 듣고 싶은 본능이 있는 것 같습니다. 드라마 홍수의 시대를 즐겁게 누리지만 어른으로서 한편으로는 걱정이 되기도 해요. 사람들이 드라마를 건전하게 시청하고 유익함을 누리는 방법은 무엇일까요?

민 드라마는 서사나 장르에 따라서 정도의 차이가 있긴 하지만, 재미를 위해서 상황을 자극적으로 만들 때가 많아요. 평소에도 충분히 일어날 수 있는 이야기는 뻔하거나 재미가 덜하니까요. 내가 공감하는 이야기인데, 그 상황이 더 극적이거나, 예상을 뛰어넘는 설정과 반전이 있으면 더 재미있잖아요. 그러다 보니 일상에서 자주 겪을 수 없는 일들이 드라마에서는 많이 벌어지죠. 우연의 일치가 많기도 하고 캐릭터가 자극적인 행동을 할 때도 있고요. 상황만 놓고 보면 걱정되는 장면이더라도 그 이야기가 왜 저런 방향으로 흘러가는지, 그렇게 된 배경이나 이유는 어떤 것인지 생각하며 캐릭터의 마음속을 들여다본다면, 단편적으로 그려지는 상황만 보는 것보다 건전하고 유익하게 드라마를 받아들이지 않을까 합니다. 이런 관점을 가지려면 같이 보는 사람들과의 대화가 중요하다고 생각해요. 드라마의 상황을 해석하고 받아들이는 것은 사람들의 경험이나 성향에 따라서 180도 다를 수 있기 때문에 올바른 해석을 해줄 수 있는 사람과 함께 드라마를 보는 것이 큰 도움이 되겠죠. 특히 해외 시리즈를 볼 때는 그 나라 문화에 대한 배경지식도 필요하고, 그들의 행동양식을 이해하고 수용할 수 있는 기본적인 지식과 포용력이 필요해요.

편 저도 제 인생의 겨울에 따뜻한 이불이 되어준 고마운 작품이 있어요. 가끔 힘들 때 오래전 그 드라마의 명장면들을 보며 저 자신을 위로하고 격려하죠. 우리의 삶 속에 녹아있는 스토리, 그 스토리를 영상으로 펼치는 멋진 직업, 드라마PD의 세계로 함께 들어가 보겠습니다.

차갑고 뜨거운 종합예술인
드라마PD

드라마의 세계

드라마란 무엇인가요?

편 소설의 장르에도 드라마가 있고 영상물 장르 구분에도 로맨스, 공포, SF, 휴먼, 뮤지컬, 드라마가 따로 있는데요, 드라마란 무엇인가요?

민 한마디로 정리하기는 쉽지 않은데요. 사전적으로 드라마는 '극'이라고 해요. 희극Comedy과 비극Tragedy이 같이 담겨있는 개념이죠. 즐거움과 슬픔이라는 인간 감정을 표현하는 서사를 드라마라고 통칭하다 보니 TV 외에 소설, 영화에서도 장르를 구분하는 거죠. 결국 사람 사는 이야기를 드라마라고 하는데, 물론 지금은 영상 스토리의 영역이 많이 넓혀져서, 사람이 안 나와도 드라마가 될 수 있어요. 외계인이나 강아지, 기타 생물체가 나와도 그들이 살아가는 이야기를 다 드라마라고 하니까요.

TV 드라마에도 여러 장르가 있는데, 휴먼 장르 중에서도 좀 더 극적인 요소가 있는 것들을 드라마로 구분해요. 인물 간의 갈등, 사랑 등 모든 희로애락이 하나의 이야기로 버무려지는 서사가 메인이라면, 그런 것들을 공포나 호러 같은 장르로 구분하기는 어렵잖아요. 특수한 장르적 요소가 작품을 지배하

세계 최초 TV 드라마 〈The Queen's Messenger〉 　　　출처: https://g.co/kgs/9fEV4C

지 않는다면 '드라마'로 정의하는 경우가 많아요. 그리고 우리 나라에서는 통상적으로 TV에 나오는 극 형태의 콘텐츠를 통 칭해서 드라마라고 부르죠. 해외에서는 '쇼'나 '시리즈'라고 표 현해요.

편 TV 드라마의 역사는 어떻게 되나요?

민 세계 최초의 TV 드라마는 1928년 미국 뉴욕에 있는 GE 의 시험방송국에서 생방송 된 〈The Queen's Messenger〉 라고 합니다. 당시까지 드라마라고 하면 라디오를 통한 오디 오 드라마였는데, TV 수상기가 개발되면서 점차 실험 방송되 다가 2차 세계대전으로 모든 연구가 멈췄고, 종전 이후에서야 본격적으로 TV 드라마가 대중화되었다고 해요. 우리나라 최 초의 TV 드라마는 1956년 HLKZ-TV에서 방송된 〈천국의 문〉이에요. 저도 본 적은 없지만 두 명의 도둑이 사후세계에 서 만나 대화하는 내용의 30분짜리 드라마였다고 해요. 당시 녹화 기술이 없어서 연극을 하듯이 연기를 하고 카메라 두 대 로 촬영해서 생방송으로 드라마를 내보냈대요. 그 후 1964년 TBC 방송국 〈눈이 나리는데〉가 우리나라 첫 일일연속극이었 다고 합니다.

편 드라마는 어떻게 만들어지나요?

민 크게는 기획, 프리 프로덕션Pre-Production, 프로덕션Production, 포스트 프로덕션Post-Production으로 나눌 수 있습니다.

 ## 01. 기획

우선 드라마 기획 단계에서 가장 처음 필요한 건 모티브입니다. 어디에서 모티브를 얻었는지에 따라 크게는 순수 창작 드라마와 원작이 있는 드라마로 나뉘죠. 순수 창작 드라마는 처음부터 드라마를 제작하기 위해서 작가가 집필한 작품인데요, 보통 작가들이 쓰고 싶었던 이야기나 재미있게 생각했던 소재들로 이야기를 만들어요. 제작 단계에서 아이템을 잡으면 작가와 제작자가 같이 이야기를 만들기도 하고, 연출감독이 하고 싶은 이야기를 작가에게 의뢰하기도 해요. 간혹 연출자가 직접 집필하는 경우도 있고요. 그리고 후자는 소설이나 연극, 영화, 요즘은 웹소설이나 웹툰이 원작인 경우도 많아요. 이런 경우는 원작 작가와 드라마 작가와의 작업 과정이 필요하고,

드물지만 원작 작가가 직접 드라마 대본을 쓰기도 해요.

그렇게 기획을 발전시키고 대본을 뽑고 몇 부작으로 할지 정하고, 방송 편성을 받을지 OTT에는 어떤 식으로 판매할지 정합니다. OTT는 방송사와는 좀 달라서 드라마의 사이즈에 맞춰서 횟수를 결정할 수 있는데, 요즘은 4부작, 6부작, 8부작 같은 드라마들도 많이 나오고 있어요. 그렇게 이야기 틀의 구조를 정하죠. 어떤 캐릭터가 있고, 그 인물 간의 관계는 어떻게 될지 스토리 라인을 회차별로 쭉 정리해요. 흐름상 회마다 어떤 부분을 엔딩으로 잡을지도 정하고요. 물론 촬영하면서 바뀌기도 하지만 기본적으로 스타트하는 단계에서 거의 잡아가요.

 ## 02. 프리 프로덕션

이런 기획 단계가 진행되면서 동시에 촬영에 필요한 준비를 하는 과정을 프리 프로덕션이라고 하는데요. 글로 나온 극본을 영상화시키는 준비를 하는 거죠. 그 과정에서 대부분 캐스팅Casting을 먼저 합니다. 드라마에선 주인공이 중요하니까요. 어떤 이미지가 필요한지, 캐릭터에 어울리는 배우인지, 성향은 어떤지, 화제성이나 인지도까지 모두 검토해서 캐스팅하죠. 주인공, 주연, 조연까지 고정적으로 나오는 인물들에 대한 세팅

〈세자매〉 대본 리딩

이 완료되면 스태프들은 촬영 준비를 해요. 사실 순서가 있다기보다 이 과정들이 동시다발적으로 진행된다고 생각하면 맞을 것 같아요. 예전에 방송 3사만 있을 땐 방송사의 직원들이 드라마 스태프의 역할을 담당했지만, 지금은 방송사, 채널, 제작사도 많아지고 세계에서도 K-드라마에 대한 관심이 높아서 시장이 많이 커졌거든요. 훨씬 다양한 형태로 제작되고 있기 때문에 요즘은 외부 스태프를 섭외해서 진행하는 케이스가 많아졌어요. 이전에 했던 작품들을 보고 이번에 진행하는 드라마에 맞는 촬영, 조명, 미술, 세트, 의상, 분장, 액션, 특수효과, 편집, 음악, CG 등을 알아보는 거죠.

프리 프로덕션 단계가 복잡하네요.

편 프리 프로덕션 단계가 기획과 맞물려 있어서 복잡하네요.

민 일반적으로 대본에 대한 이슈와 편성까지를 기획으로 보는데요. 연출감독이나 제작 스태프들을 꾸리기 전에 제작사가 먼저 캐스팅을 진행하는 경우는 캐스팅까지를 기획으로 보는 경우도 있습니다.

　30~40여 개 섹션의 스태프를 구성하고 스태프들과 대본에 대해 많은 회의를 해요. 연출감독이 드라마의 콘셉트와 방향성을 갖고 팀별로 조율하면서 구체적으로 어떻게 영상화시킬지 고민하다 보면, 어느덧 정해놓은 촬영 날짜가 다가오죠. 이렇게 말하면 간단할 것 같지만 촬영 전까지 세트, 미술, 소품, 의상 등 팀별로 계속 회의하고 수정하면서 준비하고 만드는 과정이에요. 때에 따라서 컴퓨터 그래픽이 접목되는 드라마는 프리 비주얼이라고 해서, 크로마 스튜디오에서 촬영하면 배경이 어떤 공간으로 구현될 것인지 보여주는 과정이 있고, 촬영이나 조명은 어떻게 할지 배우 동선이나 액션은 어떻게 할지 미리 맞춰보는 과정도 필요해요. 그래야 촬영팀이나 조명팀이 거기에 맞춰서 공간감이나 거리감을 정할 수 있으니까

요. 그렇게 정해진 대로 세트 안에 미술도 구현해야 하고요.

프리 프로덕션 단계에서 배우들과 대본 리딩을 하거나 스태프들 회의 때 좋은 의견이 있으면 대본을 수정하기도 하지만, 촬영을 시작한 이후에 현장에서 바뀌기도 하거든요. 편의상 제작 과정 단계를 나눠놓긴 했지만 전 과정이 상호 유기적이죠. 그래서 방송이 끝나기 직전까지도 작가들과 계속 소통하는 경우가 태반이고, 작가들도 촬영과 방송이 끝날 때까지는 일이 끝났다고 생각하지 않아요. 그리고 사전 제작이 아닌 경우에는 방영하면서 사전 준비, 촬영, 편집을 동시에 하는 경우가 많은데요, 실시간으로 대본이 나오면 바로 분석해서 준비하고, 동시에 촬영 진행하면서 예고편이 나가고, 방송 분량 편집도 하죠. 예전에는 쪽대본이라고 해서 촌각을 다투는 일도 많았지만, 요즘은 그렇게 번갯불에 콩 구워 먹는 식의 시스템으로는 진행되지 않아요. 방송하면서 촬영을 진행하더라도 이전보다는 사전 제작 분량이 더 많이 늘어났고요.

편 이어서 프로덕션 단계에 대해서 설명해 주세요.

민 네, 설명해 드릴게요.

 03. 프로덕션

실제 촬영에 들어가면 사전에 스케줄에 맞춰 준비된 현장에서 배우들과 그날 찍을 신Scene에 대해 대본을 맞춰보고, 동선, 액션 리허설을 하고, 장비가 들어와서 세팅이 되면 카메라 리허설까지 한 뒤, 실제 촬영이 시작돼요. 촬영하면서 현장의 느낌과 감정에 따라서 필요한 소품이나 동선의 변화가 생기는 경우가 많은데요, 그게 더 생동감 있는 장면들로 나오기도 해요. 그런 모든 변수에 대비해서 스태프들이 항상 모니터를 하죠. 모든 스태프들과 배우들이 그동안 준비했던 것들을 무대 위에 펼쳐 보이는, 가장 심혈을 기울이는 순간이죠.

주연 배우들은 대부분 자기 캐릭터에 맞게 전문 업체에서 헤어, 메이크업을 받고 오는데, 상황에 따라 특수 분장이 필요하거나 변화를 줘야 하는 장면에서는 현장에서 분장팀이 그때마다 따로 해주고요. 그리고 현장에서는 스크립터가 의상, 분장 등의 연결이 맞는지, 앞뒤 신과의 감정이 연결되는지, 촬영한 여러 테이크 중에서 오케이가 몇 번째인지 체크해서 나중에 편집실과 긴밀하게 소통합니다.

편 후반 작업은 어떻게 이루어지나요?

민 그렇게 촬영이 끝나면 촬영한 분량을 편집하는 포스트 프로덕션 단계로 넘어갑니다.

 04. 포스트 프로덕션

연출감독이나 영화감독이 직접 편집하는 경우는 많지 않은 것 같아요. 물론 편집 과정에 관여하지만, 전문적인 편집 스태프가 있으니까요. 편집실에서는 우선 스크립터가 체크한 오케이 컷을 붙이는 순서 편집을 해요. 그 안에서 컷의 호흡감과 연기 감정, 전체 신의 구성을 고려해 최적의 장면을 편집한 가편집본이 나오는데요, 그 가편집본을 가지고 메인 연출감독이 구체적인 의견을 내고 수정하면서 최종 편집 작업을 하죠. 드라마에서는 최종 편집본을 파인 컷 작업이라고 해요. 최종 파인본이 각 후반 작업팀으로 넘어가고요.

편집된 파인본에 사운드, 컴퓨터 그래픽, DI^{Digital} ^{Intermediate, 색보정}, 음악까지 각 팀이 각자의 공간에서 최고의 것을 뽑아내기 위해 한 번 더 고민하는 과정이에요. 이 후반 작업 과정에는 포스트 프로덕션을 담당하는 내부 조연출이 따로 있어요. 내부 조연출은 후반 작업이 원활하게 진행될 수 있게 서로 엮어주는 슈퍼바이저 역할을 하면서 연출자의 뜻을 정확하게 전달하고 피드백을 받는 거죠.

사운드 작업을 예로 들면, 자동차 사고 신에서 실제로 부딪히진 않았지만 깨지고 부딪히는 소리를 넣기도 하고, 배우의 동시녹음이 좋지 않으면 ADR^{Automated Dialogue Replacement}이라고 다시 녹음하는 과정도 있고요. DI를 할 때는 낮에 찍었지만, 연출적으로 새벽 느낌이 필요하면 푸르스름하게 한다거나, 환한 공간에서 찍었지만 어둡고 외로운 톤으로 만드는 등 공간의 분위기를 최종 결정하는 작업을 하는 거죠. DI는 보통 촬영감독이 마지막까지 그 작업을 같이 해요. 그리고 음악감독은 이 장면에서 감정을 더 고조시키려면 어떤 음악이 좋겠다, 아니면 OST의 어느 부분을 넣겠다는 걸 결정하죠. 이런 과정 끝에 나온 각 팀의 결과물을 끌어모아서 집대성하는 작업을 종합 편집이라고 해요. 종합 편집 작업으로 파이널 영상 파일이 완성되죠. 그게 방송국이나 OTT에 납품하는 마스터 파일이 되는 거예요. 이 모든 과정에서 조율하고 컨펌하는 역할을 하는 게 연출감독입니다.

편 감독과 PD는 같은 개념인가요?

민 우리나라는 드라마 감독과 프로듀서를 PD라 포괄적으로 지칭는데요. 엄밀히 말하면 프로듀서와 연출하는 디렉터는 다릅니다. 프로듀서는 기획부터 예산, 편성, 판권 등 드라마의 프로젝트가 시작돼서 끝날 때까지 전 과정을 컨트롤하는 직책이에요. 디렉터는 기획 단계부터 현장에서 스태프, 배우들과 실제 촬영하고, 포스트 프로덕션까지의 과정을 조율하고 이끌면서 실질적인 영상물을 만들어내는 역할이고요. 그래서 디렉터보다는 프로듀서의 개념이 조금 더 넓은 범주를 담당하고 있죠. 물론, 경우에 따라 프로듀서가 연출까지 하는 경우도 있고요.

편 그럼, 프로듀서가 대본과 감독도 모으는 거네요.

민 네. 그렇죠. 프로듀서가 어떤 작품을 기획할 때 가장 적합한 연출은 누구일까를 고민해서 감독을 뽑기도 하니까요. 원청자라고 볼 수 있는 거죠. 영화에서는 이미 감독과 제작PD의 역할이 분명하게 나뉘어 있거든요. 저도 예전에 회사에 소속되어 있는 직원일 때는 프로듀서의 역할도 하고 디렉터의 역

〈왕과 나〉 녹화 FD

할도 했었는데, 요즘에 OTT나 종편 등 드라마 플랫폼과 편성
채널이 많아지면서 방송사 소속 직원이 아닌 프리랜서 스태
프들이 많아졌고, 프로듀서와 디렉터의 역할이 보다 명확하게
나뉘었어요. OTT에서 짧은 시리즈도 많이 시도하면서 점점
영화와 드라마의 경계가 없어지는 현상도 있고요.

OTT 드라마와 지상파 드라마의 차이점이 있을까요?

편 아무래도 OTT^{Over The Top, 미디어 콘텐츠를 인터넷으로 소비자에게 제공하는 서비스} 이야기를 안 할 수 없는데요. 지상파 드라마와 차이점이 있을까요?

민 사실 내용이나 제작 과정에는 큰 차이가 없어요. OTT의 경우 소재나 이야기의 영역이 좀 더 넓고 표현이 자유로운 측면이 있죠. 지상파를 포함한 방송 채널의 경우는 심의를 받아야 하고, OTT는 심의 과정이 없기 때문인데요. 그러다 보니 다룰 수 있는 주제와 표현의 한계가 다른데요, TV 채널은 19금 방송이 거의 없어요. 높아야 15세이기 때문에 순화돼서 나가야 하는 장면들이 많이 있거든요. 직접적인 폭력, 흡연, 마약, 심한 노출 같은 건 못 나가요. 그래서 지상파와 OTT는 대본의 내용이나 영상의 표현도 달라지죠. OTT는 모든 것들이 허용되니까 표현 영역이 상대적으로 넓고 다양한 상황이에요. 최근에는 OTT도 자율 심의를 시작하려는 움직임은 있어요. 강제성은 없지만, 시청 연령에 따른 일종의 가이드라인을 만드는 거죠. 그리고 큰 차이는 광고의 유무예요. TV 드라마는 광고 고지를 할 수 있어서 PPL이 가능한데, OTT는 광고가 없는 포맷이라 PPL의 개념이 없어요. TV 드라마에서는 PPL, 간접광고, 가상광고 등을 유치해서 제작비를 충당할 수 있는 반면에 OTT는 전적으로 제작비를 구독료에 의존해야 하는 형태죠.

편 OTT에서도 다른 채널의 드라마를 볼 수 있잖아요.

민 드라마의 판권을 샀거나 특정 기간 서비스를 계약한 거죠. 일종의 유통 플랫폼이라고 보면 될 것 같아요. 그리고 OTT에서 자체 기획, 투자, 제작을 통해서 만드는 오리지널 콘텐츠도 있고요. 우리나라는 넷플릭스, 티빙, 웨이브, 디즈니, 아마존 정도가 가장 큰 OTT 플랫폼인 것 같은데, 자체 제작하는 경우는 OTT에서 예산을 받아서 제작해요. OTT마다 오리지널팀이 있는데요, 제작PD들이 있어서 자체적으로 작품을 기획하거나 외부의 작가나 작품, 감독을 섭외해서 만드는 거죠. 넷플릭스도 오리지널팀을 운영하는 인원이 꽤 많다고 들었어요. 어쨌든 오리지널팀도 방송사처럼 스태프들이 다 있는 게 아니고, 기획하는 프로듀서 시스템까지만 있다고 보면 될 것 같아요. 어떤 기획으로 어떤 작품을 할 것인지, 예산이나 투자 규모, 캐스팅 등을 정하고 외주 제작사와 협업해서 만드는 거죠. 그러니까 OTT가 모든 프로덕션 과정을 다 커버하는 시스템은 없어요. 사실, 요즘은 방송사 드라마도 외주 제작사가 제작해서 공급하는 것들이 대부분이어서 방송사 외에 OTT라는 판로가 더 생겼다고 보면 맞을 것 같아요.

〈로얄로더〉 촬영 현장 슈팅카

편 우리나라에서 제작되는 작품을 전 세계에서도 다 보게 되는 건가요?

민 저희도 OTT를 통해서 해외의 영화나 드라마를 볼 수 있잖아요. 외국에서도 똑같죠. 단지 판권의 문제예요. 어떤 드라마의 미국 판권, 인도 판권을 OTT에서 샀다면 미국과 인도에서도 볼 수 있는 거예요. 한국 판권만 샀다면 외국에서는 볼 수 없고요. 아니면 판권을 살 때 다른 OTT에서는 볼 수 없도록 독점 조건을 거는 경우도 있어요. OTT가 미디어 유통 채널의 역할을 한다고 보면 될 것 같아요. 외주 제작사가 만들더라도 계약을 통해서 글로벌 판권을 사 가는 거죠. 그중에서 자체 기획한 오리지널 시리즈에 대해서는 전 세계에 대한 모든 권한을 OTT가 갖고요.

편 〈오징어 게임〉이나 〈더 글로리〉 같은 드라마는 전 세계에서 호응을 얻고 있잖아요. 외국에서 한국 드라마에 대한 관심이 높은 것 같아요.

민 요즘 K-콘텐츠에 대한 관심이 높죠. K-POP, 드라마도 그렇고요. 그래서 찾아보는 사람들이 더 많아진 것 같아요. 실제로 아시아권에서 제일 많이 보는 게 한국 콘텐츠라고 해요. 중국은 집계가 되지 않지만, 한국 드라마를 이미 많이 보고 있고, 브라질 같은 중남미권 국가에서도 한국 드라마의 인기가 높고요.

 편 전 세계에서 찾아볼 수 있게 된 거네요.

 민 그렇죠. 전 세계가 점차 모든 콘텐츠를 함께 향유하는 시대가 되었어요. 다만, 앞서 언급했듯이 같은 넷플릭스라도 접속하는 나라에 따라서 보이는 콘텐츠의 리스트가 달라요. tvN에서 방송한 콘텐츠라도 국내 판권 없이 글로벌 판권만 샀다면, 한국에서는 볼 수 없어요. 반대로 우리에게 보이는 콘텐츠도 해외에서 안 보이는 경우가 있고요. 그 나라에서 볼 수 있도록 허용된 콘텐츠만 보이거든요. 가끔 너무나도 보고 싶은 영화나 드라마가 유통 계약이 끝나서 아무리 찾으려 해도 찾을 수 없는 경우가 있을 거예요. 오래된 콘텐츠들도 서비스가 안 되는 경우도 다반사죠. 점차 이런 부분들도 보완될 거라고 봅니다.

편 OTT 서비스는 언제 생겼나요?

민 대표적 글로벌 OTT인 넷플릭스는 2016년에 한국 서비
스를 시작했어요. 1997년 온라인 DVD 대여 서비스로 시작해
서 2007년 현재 형태의 네트워크 회원제 서비스가 되었죠. 국
내에서도 OTT 플랫폼이 나오기 전에는 DVD나 VHS 테이프
를 대여점에서 빌렸어요. 다운로드 서비스를 이용하기도 했고
요. 요즘 학생들은 잘 모를까요? 오프라인에서 빌리던 비디오
테이프를 온라인 서비스로 가져온 개념인 거죠.

편 코로나 팬데믹을 계기로 크게 성장하지 않았나요?

민 그 영향도 있죠. 네트워크나 통신 환경이 더 좋아진 영향
도 있고요. 요즘은 핸드폰으로 다 볼 수 있으니까요. 그래서 편
성대로 정해진 시간에 TV를 보는 인구가 점점 줄고 있어요.
자신이 원하는 시간에 원하는 콘텐츠를 볼 수 있는 구조로 바
뀌고 있는 거죠.

드라마 제작에 투입되는 다양한 직업이 궁금해요.

편 드라마 제작에 투입되는 다양한 직업에 대해 말씀해 주세요.

민 정말 많은 직업군의 사람들이 있는데요, 작가실을 먼저 가볼까요? **작가**와 **기획PD**가 틀을 잡는 작업을 합니다. 시놉시스를 만들고 편성이나 캐스팅에 필요한 초기 대본을 작성하는데, 기획 단계에서 드라마의 주요 서사와 콘셉트를 정하고 주요 캐릭터들을 만들어내요. 작가는 이런 설정값에 기초하여 극본을 집필하는데, 전체 스토리라인에 맞춰 구성을 잡고 대사와 행동 지문까지 캐릭터에 이입하여 글로 쓰는 작업을 하죠. 기획PD는 보통 방송사, 플랫폼이나 제작사 소속이고, 기획 단계를 함께 진행하는 역할을 하면서 아이디어를 보태기도 하고 최대한 객관적인 모니터를 하는 작업을 합니다. 이런 과정에 연출자가 함께 참여하게 되는데 제작사 임원이나 방송사, 플랫폼 프로듀서가 기획PD 역할을 직접 담당하기도 하고요. **보조작가**는 작가의 극본 집필에 필요한 많은 일들을 합니다. 대본에 필요한 자료조사를 하기도 하고, 설정값이나 상황들이 앞뒤 대본과 연결이 맞는지 점검하고 오탈자 등이 없는지도 체크해요. 소품으로 필요한 주요 문서 내용을 만들기도 하고, 뉴스 멘트나 신문 기사를 쓰기도 하죠.

연출자는 기획 단계부터 캐스팅, 촬영을 위한 준비단계부터 촬영, 후반 작업까지 제작의 전 과정을 관장합니다. 시놉시스와 대본이 완성되면, 드라마의 콘셉트와 캐릭터별 특징, 시청 타깃, 마케팅 등을 고려하여 오디션과 캐스팅 디렉터 협업을 통해 적합한 배우를 캐스팅하고, 거기에 맞춰 대본 리딩을 하면서 캐릭터 특성을 더 구체화해요. 그 역할에 맞는 분장, 헤어스타일, 의상은 어떤 것으로 할지 정하고, 극본에 묘사된 공간을 로케이션 헌팅이나 세트 제작을 통해 구현하죠. 소품은 어떤 걸로 할지 장소의 드레싱을 어떻게 할지 구체적인 미술 세부 사항까지 정하고, 현장에서 어떻게 세팅되는지 캐릭터의 대본 상황과 배우의 동선 등 촬영 콘티를 고려하여 배치까지 확인하고요. 연출팀을 비롯한 주요 스태프들과 대본을 신별로 분석하면서 준비할 것을 정하고, 신의 촬영 콘셉트나 장비는 어떻게 할지 논의합니다. 규모가 크거나 CG가 많아 스태프, 배우들과 공유할 그림 콘티가 필요한 경우는 촬영감독과 논의하며 만들기도 해요. 영화는 전체 콘티북을 만드는 경우가 많은데, 드라마는 분량이 방대해서 꼭 필요한 장면만 콘티를 그리거든요. 이런 모든 연출자의 준비과정에는 늘 조연출을 비

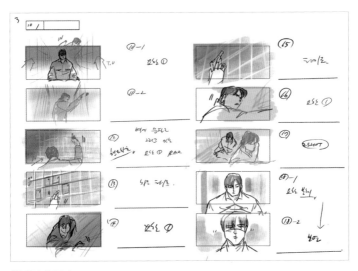

〈인사이더〉 콘티

롯한 연출부가 함께 참여하고 서포트하죠.

    촬영 장소를 선정하기 위해 **로케이션팀**이 먼저 움직입니다. **섭외부장, 로케이션매니저**라는 직함으로 한 명이 담당하기도 하는데, 최근에는 팀 단위로 여러 명이 담당합니다. 대본에 묘사된 장소 콘셉트에 맞춰 여러 곳을 둘러보고 좋은 후보들은 사진이나 동영상으로 촬영해서 연출진과 공유해요. 좋은 곳은 함께 장소 헌팅을 가서 실제 현장은 어떤지, 대본의 상황을 어디까지 소화할 수 있는 공간인지, 미술 세팅은 어떤 것을 해야 하는지 등등 세부 사항을 확인하죠. 적당한 장소가 현실 속에 없으면 다른 대안을 찾아서 세팅하기도 하고 세트를 짓기도 하는데, 그런 아이디어를 제안하기도 해요. 촬영이 진행될 때는 촬영 현장에 관련된 제반 문제들을 해결하기도 하고요. 위와 같은 과정으로 준비된 신들을 촬영하는데, 촬영장에는 더 많은 스태프가 있습니다. 현장에서 연출부들의 역할은 추후 자세히 설명할 테니 여기선 생략할게요.

먼저 촬영팀은 **촬영감독**의 크루들이에요. 포커스 풀러 이하 세 명 정도의 스태프로 구성되는데, 카메라 장비를 관리, 운영하고 촬영감독을 서포트하죠. **포커스 풀러**는 촬영감독이 맞춘 앵글에서 의도한 대로 포커싱을 해요. 렌즈가 아주 예민하기 때문에 카메라 워킹과 인물의 동선 및 거리에 따라서 초점을 맞추는 작업입니다. 촬영 팀원들은 각자 분업해서 렌즈 교체, 촬영 시 모니터 세팅, 장비 조립과 해체, 배터리 관리, 유지보수, 장비 대여와 반납 등을 담당합니다. **그립팀**은 카메라 워킹에 필요한 장비를 담당하고, 촬영팀을 지원해요. 기차 레일처럼 생긴 달리 장비나 크레인, 스테디캠, 드론 등 다양한 장비를 가지고 촬영 콘셉트에 따라 장비를 세팅하고 운영하죠. 여기에 추가적인 특수장비가 필요할 경우 별도의 팀을 동원하기도 하고요. 대형 드론이나 레이싱 드론의 경우는 전문 드론팀이 촬영팀과 논의하며 촬영하기도 해요. 차량 신의 촬영이 있을 때는 레커차, 골프카, 슈팅카, 러시안 암 같은 장비들을 사용하기도 하죠. 지미집, 테크노크레인, 로봇 암, 와이어 캠, 수중 촬영 등 용도에 따라 다양한 장비들이 있는데, 보통은 특별한 장면에 활용하기에 별도 스태프로 초빙합니다.

조명감독 이하 조명팀은 장소나 조명 장비 운용 규모에 따라 다르지만, 보통 최소 6~7명 정도로 구성됩니다. 조명에는 전기가 많이 소모되기에 발전차에 조명 장비를 함께 운반하고, 전기가 없는 곳에서는 발전기를 돌려서 전기를 공급해요. 조명감독은 촬영감독과 함께 전체 무드를 정하고 콘셉트에 맞는 조명 디자인을 하죠. 모니터링을 하면서 조명을 배치하여 콘셉트를 완성하는데, **조명 퍼스트** 이하 **조명 팀원들**이 장비를 움직이고 세팅해요. 장소에 있는 기존 광원들을 없애기도 하고, 햇빛을 끊거나 반사판으로 빛을 더 살리기도 하고요. 세트장에는 원하는 공간 콘셉트에 맞게 설치 조명까지 논의하여 세팅하는데요, 밤에 넓은 공간에서 촬영하는 경우는 조명 크레인을 별도로 불러서 대형 조명기를 세팅하죠.

동시녹음팀은 현장의 사운드를 잡음 없이 담아서 편집에 사용할 수 있게 녹음하는 일을 합니다. **녹음기사**는 믹서를 컨트롤하며 사운드를 확인하고, 배우의 동선과 카메라 컷 사이즈, 장면의 콘셉트에 따라 붐마이크, 핀마이크, 설치 마이크 등을 정하고 세팅해요. **붐오퍼레이터**는 화면 사이즈에 맞춰 붐마이크를 컨트롤하고, 고정 위치에는 다른 마이크를 세팅하고요. 라인맨은 모니터와 믹서, 카메라 사이의 연결을 담당하고, TC의 싱크를 맞추고, 필요에 따라 붐마이크를 추가로 더 들기도 하죠.

미술팀은 미술감독 이하 디자인 스태프와 세트나 대도구를 설치, 운용하는 스태프들이 있습니다. **미술감독**은 드라마의 전체 미술을 관장하는데, 가장 크게는 장소의 콘셉트에 맞춰 대본상 필요한 공간을 디자인해요. 로케이션 장소와 콘셉트를 맞추고 연결하는 경우도 있고, 로케이션 없이 공간을 새롭게 창조해 내기도 하죠. 만들어진 도면으로 스튜디오에 세트를 설치하는데, **세트팀**이 효율적으로 적당한 규모감의 세트를 짓고, 작화를 통해 공간의 느낌을 만들어내는 역할을 합니다. 미술팀은 야외 현장에서 필요한 미술 세팅도 담당하는데요, 로케이션 공간의 일부 디자인을 변경한다거나 세트와 연결을 맞추거나 드라마 내용에 맞게 공간을 변화시키죠. 세트에 조경을 더해 분위기를 만들어 내거나, 인테리어 디자인까지 각 파트별로 분업해서 담당해요.

이렇게 완성된 세트나 야외 현장에 전체 콘셉트에 맞춰

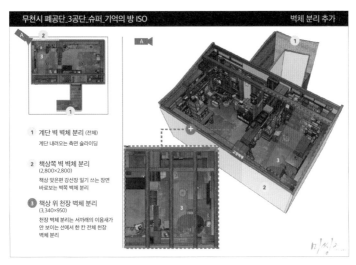

벽체 분리 추가

1 계단 벽체 분리 (전체)
계단 내려오는 측면 슬라이딩

2 책상쪽 벽체 분리
(2,800×2,800)
책상 맞은편 강선장 일기 쓰는 장면
바로보는 벽쪽 벽체 분리

3 책상 위 천장 벽체 분리
(3,340×950)
천장 벽체 분리는 서까래의 이음새가
안 보이는 선에서 한 칸 전체 천장
벽체 분리

〈미씽 2〉 세트 제작

소품을 세팅하면 스튜디오와 로케이션 촬영 현장이 준비됩니다. **소품팀**은 대본상 필요한 물건들을 제작, 구매하여 적재적소에 배치하고, 배우들이 사용하는 물건을 준비하기도 하고, 차량이나 서류, 음식까지 스토리에 필요한 모든 것들을 앞뒤 연결을 고려해서 준비하고 진행해요.

캐릭터의 색깔을 덧입히는 스태프들이 바로 **분장, 미용, 의상팀**인데요. 사전에 캐릭터의 특성과 배우의 특징에 맞게 인물 별 콘셉트를 정하고, 상황에 따라 헤어스타일링, 메이크업을 해요. 필요한 의상은 제작하거나 기성 의상들을 구하여 조합하고요. 피를 흘리거나 땀을 흘리거나 멍이 들거나 상처, 특수분장 등 드라마 스토리에 따라서 해야 할 일들이 많죠.

이렇게 촬영된 영상은 데이터 방식으로 저장되는데, 그 데이터들이 손상되지 않고 안전하게 편집실까지 전달되도록 백업하고 컨버팅 등을 담당하는 업무를 **데이터매니저**들이 합니다. 카메라에서 나온 영상 파일, 동시팀에서 녹음된 사운드 파일, 그 외 드론이나 휴대폰 등 다양한 촬영 소스들을 한군데 모아 색인을 만들어서 찾기 쉽게 분류하는 일까지 해요. 예전에 필름이나 테이프로 촬영할 때는 없었던 직종인데, 촬영본 데이터 관리가 그만큼 중요하기 때문에 파일에 손상이 없도록 긴장을 놓지 않죠.

액션신이 있을 땐 **무술감독**과 **스턴트팀**이 출동해요. 배우가 직접 연습해서 소화하는 장면과 대역이 대신 담당할 컷을 구분해서 촬영하는데요, 위험한 상황에 배우들의 안전을 유지하면서 더 역동적이고 리얼한 장면을 만들기 위한 작업이죠. 보통 액션에 함께 대동하는 스태프가 **특수효과**예요. 폭발이 있거나 총을 다루거나 자동차 스턴트가 있거나 와이어 액션을 하는 등 상황마다 필요한 장비를 함께 준비하죠. 위험한 품목들을 다루기 때문에 폭약 담당, 총기 담당 등 전문 자격증을 갖춘 분들이에요. 매트리스나 에어바운스 같은 안전 장비들도 준비하고요. 액션과 관계없이 장면의 분위기를 위해 강우기로 비를 뿌리거나 강설기로 눈을 만들고 헤이저로 안개를 깔기도 하죠.

현장에 필요한 다양한 출연진은 캐스팅팀과 보조출연의 콜라보로 이뤄집니다. 고정 출연진 외에 대본의 흐름에 필요한 단역 캐스팅의 경우, 연출진이 직접 하기도 하지만 **캐스팅 디렉터**가 그때그때 콘셉트에 맞는 배우를 추천해서 결정하기도 해요. 캐스팅 스태프는 아역 전문, 외국인 전문 등으로 세분화되어 있어요. 그 외에 장소의 분위기에 따라 사람들을 배치하고 움직임을 만드는 역할은 **보조출연 반장**이 담당해요. 신의 규모와 상황에 따라 필요한 인원을 부르고 동선을 정하고 역할을 정하여 공간을 살아있게 만들죠.

제작 전반을 관리, 진행하는 제작사 스태프들이 있어요. 제작PD와 라인PD, 마케팅PD 등으로 업무가 구분되는데요, 현장에 관련된 모든 이슈를 관리하고 제작비 운용이나 추가 장비 사용, 장소 관리 등 제작 전반을 관리하는 역할을 **제작 PD**가 담당합니다. 제작PD의 지시에 따라 현장 진행에 필요한 다양한 서포트를 **라인PD**들이 담당하고요. 음료, 간식, 상비약, 핫팩, 모기약 등 스태프들의 컨디션 유지에 필수적인 것

부터 밤늦은 촬영에는 야식을 준비하기도 하고, 연출팀을 지원해서 현장 통제를 하기도 하고, 상황에 따라 필요한 팀들의 손과 발이 되어주기도 하죠. **마케팅PD**는 협찬을 유치하여 대본과 영상에 적용하고, 방송심의 규정과 계약조건에 맞게 잘 촬영되고 편집되었는지 방송이 나갈 때까지 확인하고 진행하는 업무를 담당합니다. 방송사, 제작사, 마케팅과 협업하여 **스틸 촬영, 메이킹 촬영**을 담당하는 팀들도 수시로 함께 하고요.

이렇게 촬영이 종료된 후 촬영본 데이터는 데이터매니저를 통해 편집실에 전달됩니다. **편집 보조**가 스크립터의 메모, 촬영본, 녹음본을 모두 확인하면서 베스트 컷을 골라 순서 편집을 진행해요. OK 컷을 골라놓는 작업이죠. 그 이후에 **편집 기사**가 가편집을 하는데, 현장의 OK 컷 외에도 좋은 부분들은 편집에 반영해 보기도 하고, 신들 간의 흐름이나 속도감에 따라 구성을 바꿔보기도 해요. 신의 의도와 배우의 연기, 촬영본의 상태에 따라 다양하게 조합을 해보는 과정이에요. 추후 편집된 가편집본과 연출자가 원하는 편집 방향 등을 논의하며 최종 편집본을 완성하는 파인 커팅이라는 단계를 거쳐 파인 편집본이 완성됩니다. 파인 편집본이 완성되면, 각 파트별로 전달되어 최종 마스터링 작업을 준비하죠.

드라마 파트에서 갈수록 역할이 늘어나고 있는 **CG 파트**

로 가볼까요? 판타지 스토리를 그리는 드라마도 많고, 세트촬
영이나 특수효과 장면 등 여러 가지 이유로 크로마키 촬영도
많아지고 있어요. 새로운 세계관을 보여주기 위해 배경과 공
간을 새로 만들기도 하고 변형시키거나 합성하는 등 CG 기술
이 다양하게 활용되고 있죠. 콘셉트 회의를 통해 결정된 CG
효과나 배경을 미리 디자인하고, CG가 적용될 촬영은 슈퍼바
이저가 촬영 과정을 함께해요. 별도로 촬영되거나 구매한 외
부 소스와 합성하거나 드라마 내용과 맞지 않는 것들은 촬영
본에서 지우기도 하는데, 이렇게 작업된 컷들을 파인 편집본
에 적용해서 최종 확인을 하고요. CG에는 정말 많은 인력이
투입돼요. **슈퍼바이저** 이하 수많은 스태프들이 다양한 역할을
나누어 영상을 만들어냅니다.

　이렇게 편집과 CG가 완성되면 색보정 단계를 거칩니다.
DI기사가 시제, 공간의 분위기, 시간의 흐름, 광선의 방향, 색
온도 등 장면의 촬영 의도에 맞게 색깔과 음영, 질감 등 다양
한 조정을 하는 공정이에요. 촬영감독의 촬영 의도를 최종적
으로 반영하고 그림을 완성하는 단계라서 보통 색보정기사와
촬영감독, 연출감독의 논의를 거쳐 최종 DI 편집본을 만들죠.

　사운드 믹싱실에서는 드라마 전체의 사운드 콘셉트를 디
자인하는데, 부분적으로 각 신의 대사를 잘 들리도록 조정하

〈미씽 2〉 촬영 현장 컴퓨터 그래픽

거나 잡음을 제거하고, 공간과 상황에 필요한 사운드를 추가합니다. 대사에 여러 가지 효과를 넣기도 하고, 필요한 경우 다른 대사를 덧입히기도 하는데요, 현장에서 녹음된 다른 사운드를 활용하기도 하고, 배우가 녹음실에 와서 ADR을 하기도해요. 현장에선 없었지만, 장면에 필요한 사운드를 라이브러리의 사운드를 활용하기도 하고 존재하지 않는 소리는 폴리 녹음을 통해서 만들기도 하죠.

음악감독은 드라마 콘셉트에 맞는 음악을 총괄합니다. 타이틀 음악을 만들고 테마곡을 작곡하죠. 흐름에 따라 감정을

Edit	no	status	Edit out/ver	EP.	After Shotname	Before Shotname	Thumbnail	VFX SOLUTION	SUP TO DO	상대영 체크	편집구간 체크	Edit in
new _05 _12	1	Done	0517/v01	EP01	EP01S001_0010	add		파라디이스 로고 리무브	comp_v01_OK			add	0512
new _05 _12	2	Done	0520/v03	EP01	EP01S001_0015	add		맨앞에 칩뭉 나오는거 황금빛이 집 색갈랑 차배하면 안좋은거 갈구 색물이 잘 살도록 해달라고 합니다!! 이렇게 갑치게 편집하셨는데, 더 멋진 효과나 트랜지션이 안들까요?	0520_v03_감독님 컨펌 보내세요 comp_v02_조감목 님께 피드백요청 0517 > 컷은 2개 묶어서 내보내기 comp_v01_OK		add	0512
new _05 _12	3	Done	0517/v01	EP01	EP01S001_0020	add		조명반사 리무브				add	0512
new _05 _12	4	Done	0518/v01	EP01	EP01S001_0030	add		조명반사 리무브 자동차에 반사리무브 건물 늘여주세요 편집속도 200%	comp_v01_ok 건물패턴 더 위로 늘려서 연장 비 슷한 패턴으로 화 면 넘어서 까지		add	0512
new _05 _14	5	Done	0519/v02	EP01	EP01S001_0035	add		간판 전광판을 리무브/ 블러 해주세요				add	0514
new _05 _12	6	Done	0518/v01	EP01	EP01S001_0040	add		살길화면 - 핸드본 삼사 KT, 부품 리무브, 시 간밝자 리무브 메시지화면 - 상단바 시간통틀리부분 문자 온 시간들 리무브 오수연(메시지화면 - 문자보 변홀(작은거), 리 무브, 문자온 날짜 오분홀 수정, 문자온 시간 리무브	comp_v01_ok		add	0512

〈인사이더〉 CG 의뢰

가이드 영상은 아닙니다. 애니(여자)를 중심으로 오른쪽 사진처럼 위엄있는 프로필이 8개가 떠야 합니다.

애니 : 4일 전에 찍힌건데요?

프로필이 있는 상태에서 애니가 말할 때 풀화면으로 채워집니다(컷으로 말고 효과가 있어야 할 것 같습니다)

〈인사이더〉 CG 의뢰

풍성하게 만들 수 있는 다양한 BGM을 만들고, 장면에 따라 변주하거나 배치하는 작업을 해요. 기성곡을 선곡하기도 하고, OST를 제작하거나 OST 곡을 장면에 활용하기도 하고요. 뮤지컬 드라마나 음악 드라마의 경우는 음악감독의 역할이 중요하기 때문에 드라마 기획 단계부터 참여하기도 하죠.

음악 편집과 사운드 편집이 끝나면, CG까지 모두 완료된 화면을 보면서 두 가지를 최종 믹스하는 사운드 마스터링 작업을 합니다. 사운드 마스터와 DI 마스터를 합치고 자막까지 입히는 최종 납품용 마스터링을 종합 편집이라고 하는데요, 각각의 마스터본의 퀄리티를 체크하면서 편집 오류나 데이터 노이즈는 없는지, 싱크는 맞는지, 믹스 레벨은 적당한지 등 세세히 점검하면서 믹스하는 과정이에요. 그리고 **종합편집기사**가 컨트롤타워를 잡고 내용에 필요한 자막이나 타이틀, 연령고지, 협찬 고지 등을 반영하면서 채널이나 플랫폼이 요구하는 포맷에 맞게 최종 편집본을 완성해요. 보통 채널이나 플랫폼의 프로듀서가 최종 감수하기 위해 함께 참여하고요. 이렇게 편집에서 종합 편집까지 이르는 후반 작업 과정은 **내부 조연출**이 총괄하여 진행하고 연출감독이 모니터하죠.

마지막 마스터본을 입고하고, ON-air 되면 모든 스태프의 역할이 마무리됩니다. 물론 채널이나 플랫폼의 시청자 반응, 시청률 분석, 내용상 이슈 등에 따라 후속 대응이 필요한 경우 추가로 편집 수정이 발생하기도 하죠. 제작 과정 외에도 여기에 표현되지 않은 수많은 방송사, 제작사, 유통사, 협찬사 스태프들이 관여되어 있고요. 제작사의 정산이 마무리되고, 국내외 판권 판매, 프로그램 성과에 따른 손익배분까지 마무리되면 정말로 모든 스태프의 일이 끝나요. 드라마 제작 과정엔 정말 많은 사람이 존재한답니다.

편 잘 만든 드라마는 어떤 드라마라고 생각하세요?

민 제 개인적인 생각은 드라마는 대중 예술이기 때문에 시청자들의 사랑을 많이 받았느냐가 제일 중요하다고 생각해요. 우리들만의 리그 안에서 잘 만들었다고 판단할 순 있지만, 어쨌든 지금 시대의 시청자들에게 가장 사랑받을 수 있는 형태로 만들어졌느냐가 평가의 첫 번째 잣대가 되는 것 같아요. 얼

〈미씽 2〉 오픈 세트 제작

마나 시청자들의 사랑을 받았는지, 전통적으로는 시청률이 그걸 평가하는 기준이 되어왔고, 드라마를 TV만으로 시청하지 않는 요즘엔 화제성이나 검색 순위 등 다양한 평가방식이 존재하죠.

그리고 두 번째는 사람들에게 얼마나 큰 영향을 미쳤느냐가 중요해요. 작품을 본 사람들에게 어떤 영감을 주고, 그래서 사람들을 조금이라도 변화시켰느냐가 중요한 거죠. 거액의 제작비와 많은 사람을 투입해서 작품을 만들었는데, 의미 없이 지나가 버리는 영상물이 되는 건 서글픈 것 같아요. 그래서 주제 의식을 분명하게 가져가는 게 필요하고요. 한 명이라도 누군가는 평생 기억할 수 있느냐가 중요하다고 생각해요.

모든 스태프들이 주제 의식을 다 공감하나요?

⟨편⟩ 드라마를 만드는 모든 사람이 주제 의식을 다 공감하면서 작업하나요? 아니면 연출이나 제작자만 갖고 가나요?

⟨민⟩ 모두가 공감하면서 만들면 좋겠지만, 그건 쉽지 않죠. 그리고 영상을 기술적으로 만들어내는 스태프와 의미를 이끌어가는 스태프는 조금 다른 것 같아요. 예를 들면 연출이나 촬영감독, 배우처럼 의미 전달에 더 많은 공을 들이는 쪽이 주제

⟨애간장⟩ 촬영 현장

의식을 끌고 간다고 보고요. 스태프들이 주제의식에 대해 함께 고민하고 아이디어도 많이 주지만, 그런 영상을 만들기 위한 기술적인 도움을 더 준다고 생각하면 맞을 것 같아요. 배우의 감정을 중요한 장면에서 클로즈업으로 찍는다거나 표정이 아닌 오브제나 다른 신체 동작으로 감정을 표현하는 걸 보여주자는 식의 의도를 가지고 전체를 끌고 가는 건 연출감독의 몫이 가장 큽니다.

편 소위 말하는 막장 드라마들이 있잖아요. 그런 드라마는 시청률도 잘 나오더라고요. 대중 예술의 측면에서는 잘 만든 드라마라고 할 수 있지만, 길게 영향을 남기는 드라마는 아닌 것 같은데, 어떠세요?

민 일단 취향의 차이인 것 같아요. 저도 회사에서 일일 드라마와 주말 드라마를 만들었는데, 그중에는 소위 막장이라고 칭해질 만한 에피소드도 있었어요. 만들 땐 다 똑같이 고민하면서 만들거든요. 물론 조금 더 사람들의 반응을 기대하고 일부러 의도하는 부분도 있지만, 드라마 안의 상황이나 그 상황을 표현하는 방식의 차이만 있을 뿐이라고 생각해요. 좀 더 직접적이고 자극적으로 하느냐, 은유적이고 고상하게 하느냐죠. 은유적인 표현보다 직접적인 걸 더 좋아하는 분들도 있고, 직접적인 표현이 불편하다고 하는 분들도 있어요. 현실적인 내용의 드라마를 좋아하는 분들도 있고, 로맨스나 판타지를 좋아하는 분들도 있죠. 그런 시청자 취향의 차이를 존중해서 다양하게 만드는 거예요.

그리고 시청률이 잘 나온다는 건 그만큼 많은 분이 공감할 만한 즐거움이 그 안에 있기 때문이라고 생각해요. 물론 시청률 집계에 도움이 되도록 TV로 그런 드라마를 향유하는 시청자가 많기 때문인 이유도 있지요. 대부분의 타깃층이 어머님 연령대인데요. 시청자 중에는 선택적으로 콘텐츠를 볼 수 있는 휴대전화나 전자기기에 익숙하지 않은 분들도 많고, 과거에 해오던 습관대로 TV 편성 시간에 맞춰서 드라마를 보는 패턴에 익숙한 분들도 많아요. 젊은 층이 휴대전화나 OTT로 콘텐츠를 소비한다면, 그분들은 TV를 통해서 소비하는 거죠.

〈애간장〉 촬영 현장

편 다른 분의 작품 중에 좋아하는 드라마가 있나요?

민 예전 작품이라 중고생들이 알지 모르겠는데, 〈네 멋대로
해라〉라는 드라마를 재미있게 봤어요. 다 젊은 배우들이었는
데도 내용이 가볍지 않고, 진한 감성을 뽑아낸 것 같아서 좋았
죠. 저도 그때는 학생이었거든요. 드라마PD가 되겠다고 생각
하기 전이라 그저 시청자 입장으로 재미있게 봤던 드라마예
요. 애착이 많이 갔던 드라마라 DVD도 구매해서 아직도 소장
하고 있어요.

지금도 이런저런 작품들을 많이 보지만, 아무래도 직업적
인 입장에서 시청하게 되는 것 같아요. 오로지 시청자의 입장
으로 보는 경우는 많지 않죠. 그래도 개인적으로는 휴먼 드라
마나 로맨스 드라마를 재밌게 보고, 김은숙 작가나 노희경 작
가의 작품들도 좋아합니다. 그리고 국내 드라마보다는 외국
드라마들을 볼 때 더 시청자 입장에서 보게 되는 것 같아요.
내용에 집중해서 볼 수 있고요. 최근에는 넷플릭스의 〈기묘한
이야기〉도 재미있게 봤어요. 평행세계 구조로 이야기가 진행
되는데 만듦새나 영상, 연기도 좋았고요.

〈내일이 오면〉 촬영장 원형 달리

편 드라마를 볼 때 오롯이 시청자로서 볼 수 없는 게 직업병
이라고 할 수 있겠네요.

민 네. 저 뿐만 아니라 이 업계에 종사하는 분들이 가장 많이
토로하는 직업병인 것 같습니다.

가장 기억에 남는 본인의 작품은 어떤 건가요?

편 본인이 만들었던 드라마 중에서 가장 가슴에 남아 있는 작품이 있나요?

민 가장 최근에 작업한 〈미씽: 그들이 있었다〉라는 드라마예요. 드라마의 감동을 공유하면서 작업을 했던 기억이 남아서 좋았어요. 감쪽같이 실종된 사람들, 그들의 비하인드를 들여다보면, 결국 죽은 채 숨겨진 건데, 그 이야기를 따라가면서 주인공들이 그들을 찾아내고, 마지막에는 그들의 영혼이 행복하게 아픔 없는 곳으로 갈 수 있도록 보내주는 게 이 드라마의 과정이거든요. 시즌 1 첫 번째 에피소드에서 하늘이라는 아이가 실종되는데, 마지막에 엄마가 아이가 있는 곳을 묻기 위해 찾아와요. 엄마는 모르지만, 이 아이는 영혼으로서 엄마를 만나면서 승천하는 에피소드였죠. 시즌 2에서는 로하라는 아이가 나와요. 엄마가 정신병원에 가면서 헤어지는데, 엄마가 실려 가던 앰뷸런스를 따라가지 못해서 엄마를 잃어버린 게 자신이 달리기를 못해서라고 생각해요. 영혼이지만 달리기 시합을 하면서 마지막에 결승선을 골인하고 아이가 승천하거든요. 제가 찍었지만, 편집실에서 보는데 울컥하더라고요. 이런 경험이 거

〈인사이더〉 테스트 촬영

의 처음이라서 개인적으로는 좀 더 기억에 남는 것 같아요.

그리고 〈인사이더〉라는 작품을 할 때도 홀덤이라는 카드 게임을 어떻게 묘사할지 연구도 많이 하고, 찍을 때도 재미있게 했어요. 폭력적인 장면이 많긴 하지만, 할머니가 돌아가시고 강하늘 배우가 교도소에서 나와 집에 들어가면서 "할머니, 다녀왔습니다."라고 말하는데, 사실 애드리브였거든요. 배우가 감정을 따라가면서 하는 애드리브가 기억에 남는 장면이 되기도 하는 것 같아요. 개인적으로는 가슴을 울리는 작품들을 좋아하고, 제가 그런 작품을 연출할 때 가슴에 더 남는 것 같아요.

編 사람들에게 드라마는 어떤 의미일까요?

民 '사람들은 왜 이렇게 새로운 이야기를 궁금해할까?' 저도 늘 신기해요. 세상에는 수많은 이야기가 있는데, 사람들은 그 이야기들을 궁금해하죠. 옛날이야기 중에 〈천일야화〉도 결국 엔 새로운 이야기를 매일 들려줘서 살아남은 거잖아요. 인간의 본능인 것 같기도 하고요. 요즘은 정말 다양한 콘텐츠가 넘쳐 나요. 그런데도 사람들은 계속 새로운 이야기를 찾거든요. 일 종의 중독 현상 같아요. 드라마도 이야기잖아요. 영상으로 잘 만들어놓은 이야기보따리가 드라마라고 생각해요. 사람들은 드라마를 보면서 대리 만족도 느끼고 공감도 해요. 그냥 심심 풀이로 보기도 하고 진하게 감동하거나 위로도 받죠. 드라마는 사람들에게 위로와 메시지를 주는 도구라고 생각해요.

편 드라마를 통해서 어떤 의미를 전달하고 싶나요?

민 거창하진 않지만, 저는 드라마를 통해서 사람들이 더 악해지는 걸 원치 않아요. 드라마가 자기 자신을 돌아보는 자극이나 영감이 되고, 좋은 드라마를 통해서 긍정적인 방향으로 변화하기를 바라고요. 제가 만드는 영상 이야기가 사람들에게 선물이었으면 좋겠어요. 바쁘고 지치고 불평불만에 사로잡혀 있다가도 드라마를 보면서 잠깐이라도 자신 안에 저 멀리 밀어놓은 좋은 모습들, 촉촉한 인간성 등을 다시 마주하는 순간을 선물처럼 줄 수 있으면 좋겠네요.

거기에 더해서 '공감'을 전해주고 싶어요. 이 세상에 나만 이렇게 살고 있을 거라며 한탄하는 시청자가 화면에 나오는 누군가의 모습을 보면서 위안을 얻는다거나, 나를 응원하듯 주인공에게 감정 이입하며 따라가다 보면 내 마음도 후련해지는 그런 공감이요.

하나 더 하자면, 지금 나에게 없는 능력이나 환상이지만 꿈을 가지고 달려가다 보면 분명 이루어지는 날이 온다고 얘기해 주고 싶어요. 주인공의 삶을 통해서 삶에 원동력을 얻게 된다면 그것만큼 큰 기쁨이 없을 것 같아요.

〈그래도 당신〉 촬영 현장

드라마는 사회적으로 어떤 의미가 있을까요?

편 사회적으로는 어떤 의미가 있을까요?

민 드라마는 이야기를 전달하는 여러 가지 방법 중에 영향력이나 파급력이 큰 편이라고 생각해요. 〈더 글로리〉를 보면서 학폭에 대해 많이 언급하잖아요. 빠르게 사람들의 공감을 끌어내고 이야기를 사회적 논의 테이블 위로 올리죠.

사실 저는 처음에 다큐멘터리를 연출하고 싶었는데요. 드라마를 하기로 정했고, 지금도 이 일을 좋아하는 이유 중의 하나가 드라마가 다큐멘터리보다 사회적인 영향력이 훨씬 크다고 생각했기 때문이에요. 방송사에서도 가장 좋은 프라임 시간대에 드라마를 편성하고, 꽤 높은 시청률로 방영이 되죠. 이야기 안에 담긴 주제 의식을 많은 사람에게 효과적으로 전달할 수 있는 수단인 거예요. 저는 이 부분이 드라마의 가장 큰 매력이라고 생각해요. 연출하는 입장에서도 많은 사람에게 좋은 이야기를 할 수 있고, 그걸로 인해서 사람들의 변화를 끌어낼 수 있다면 정말 대단하지 않나요?

그래서 저는 드라마가 사회적으로 순기능을 해내면 좋겠어요. 드라마는 기본적으로 권선징악을 이야기하거든요. 드라마를 통해서 조금이라도 이 사회와 인간을 좋은 방향으로 변화시키는 흐름을 만들 수 있다면, 그 이상의 역할이 없지 않을까요?

〈미씽 1〉 현장 소품 세팅

編 시청률은 어떤 방법으로 산출하나요?

民 드라마는 전통적으로 시청률로 평가받아 왔어요. 시청률이 높은 드라마가 결국은 많은 시청자에게 사랑받고 있다고 평가받는 거죠. 시청률을 집계하는 회사가 모집단 가정에 시청률 조사를 위한 셋탑을 따로 설치하는데요, 가족 구성원의 연령대별로 프로필이 각각 들어 있고, 사람마다 인증하고 시청하는 방식이에요. 그 데이터로 어느 연령대의 여성, 혹은 남성이 어떤 프로그램을 얼마나 시청하는지, 언제 빠져나갔는지가 다 집계되고, 평균 시청률을 내서 매일의 시청률이 나오죠.

그 시청률에 따라 드라마 앞, 뒤에 붙는 광고가 달라져요. 어떻게 보면 시청률은 결국 광고 때문에 집계한다고 봐야죠. 어쨌든 방송사에서 제작비를 들여 드라마를 만들고, 그것을 광고 수익으로 충당하니까요. 그래서 방송사는 시청률과 광고에 예민할 수밖에 없어요. 시청률이 잘 나오는 드라마는 PPL이나 제작 지원도 훨씬 많이 들어오거든요. 국내외 판권을 판매할 때도 유리하고요. 그래서 시청률이 드라마에서 중요하게 작용하는 숫자인 건 여전히 유효한 것 같아요.

〈미씽 1〉 촬영 현장 레카

　　물론 OTT 플랫폼에서는 얘기가 달라지죠. OTT는 광고
나 시청률이 없잖아요. 그 대신 얼마나 클릭됐는지, 플레이해
서 다음 회까지 봤는지, 도중에 빠져나갔는지 다 집계돼요. 그
데이터를 기반으로 사람들의 습관이나 좋아하는 콘텐츠를 분
석하고, 결과에 따라 나라 별로 투자를 결정하고요. 그래서 넷
플릭스가 한국에서 오리지널을 많이 제작하기도 했죠. 시청률
과 광고는 드라마 작품에 이런 영향을 주고 있답니다.

편 앞으로 드라마는 어떻게 변화할까요?

민 이미 다룰 수 있는 이야기들은 많이 다뤘죠. 그전에는 직업군에 대한 이야기가 많았던 것 같아요. 왜냐하면 직업군을 바꾸면 자연스럽게 배경이 바뀌고, 새로운 이야기가 있었으니까요. 그래서 변호사나 의사 직업군이 나오는 드라마가 많았어요. 앞으로는 컴퓨터 그래픽 기술력이 나날이 좋아져서 판타지 장르가 더 많이 확장될 것 같아요. 똑같이 의사나 변호사

〈미스 마: 복수의 여신〉 촬영 현장 컴퓨터 그래픽

가 나와도 초능력이나 타임슬립을 하는 식으로요. 우주로 나가는 드라마도 제작하고 있고, 외계인이 나오는 드라마도 해외에는 이미 많아요. 최근에는 AI 기술도 많이 발전하고 있기 때문에 AI를 소재로 한 드라마나 미래 세계를 보여주는 드라마도 많이 나오겠죠. 기술이 발전하면서 표현의 한계가 없어지니까 장르나 영역이 섞이면서 무한하게 확장되는 방향으로 가고 있는 것 같아요. 어떤 새로운 이야기가 나올지 저도 궁금하네요.

드라마PD의 세계

편 　드라마PD의 업무에 대해서 알고 싶어요.

민 　시작은 대본부터 하는데요, 작가와 대본에 대한 의견을 나누면서 수정을 거쳐 완성고가 나옵니다. 완성고가 나오면 연출팀과 신 바이 신 회의를 통해 미술이나 단역 캐스팅, 로케이션 콘셉트 등을 정하고요. 주인공을 포함한 주요 배역이 정해진 경우, 대본 리딩을 통해 서로 톤을 맞추고 개성 있는 캐릭터를 부여하는 과정을 거쳐요. 그렇게 정리된 내용을 신별로 정리해서 스케줄을 짜는데, 신의 규모나 컷 수, 배우들의 스케줄과 장소의 컨디션, 날씨, 이동 거리 등을 고려해 스케줄을 확정하죠.

　이와 동시에 로케이션 헌팅을 진행해요. 적합한 장소인지 사진과 동영상, 답사를 통해 결정하고, 현장에서 필요한 미술 세팅이나 안전조치 등을 확인하고 촬영일까지 준비하죠. 미술팀에서도 스케줄이 확정된 장소나 세트에 대한 세팅과 드레싱을 준비하고, 신별로 필요한 소품이나 차량, 의상, 분장, 미용, 특수효과 등을 준비하고요. 각각의 미술, 소품 세팅은 사전 회의와 데코 보드 작성을 통해 협의하고 확정해요.

〈미스 마: 복수의 여신〉 촬영 현장 컴퓨터 그래픽

　　배우의 의상이나 분장 콘셉트는 신의 상황과 연결 상황에 맞춰 진행하는데, 특수한 경우에는 사전에 피팅과 제작을 진행하고 특수분장이나 특수효과의 경우 테스트를 해보기도 해요. 액션이 있을 경우는 사전에 장소와 액션 콘셉트에 맞춰 합을 짜고, 스턴트 대역과 배우의 액션 연습도 진행되고요. 전체 규모가 크거나 CG, 액션, 특수효과가 많은 신의 경우 사전에 콘티 작업과 프리 비주얼 회의를 통해 현장 상황을 시뮬레이션하고, 그에 맞춰 촬영을 진행하죠. 위와 같이 준비된 내용에 따라 당일 현장에서 배우와 리허설, 스태프들이 테크니컬 리허설을 하고, 최종 본 촬영이 시작돼요.

편 드라마PD의 일과는 어떻게 되나요?

민 아침 일찍 시작해요.

AM 7:00 현장으로 출발

AM 8:00 현장 집결

현장에 도착하면 촬영 현장을 점검하고, 미술이나 기타 제반 사항을 체크합니다. 배우들과 현장에서 리허설을 진행한 후 동선을 확정하면, 각 스태프와 촬영 방향과 콘셉트에 대해 논의하고 테크니컬 세팅을 해요. 기술 세팅을 마치면 촬영을 시작합니다. 여러 신을 한 장소에서 끝내기도 하지만, 필요한 경우 다른 장소로 여러 번 이동해야 하기에 장비 세팅을 했다가 거뒀다가를 반복해야 하죠. 이동시간이 지체되어 다음 신 촬영에 지장이 있으면 안 되므로 일사불란하게 정리, 이동, 세팅하는 것이 습관화되어 있어요.

〈미씽 1〉 촬영 현장 크레인

PM 12:00 점심 식사

현장 주변에 식당이 마땅치 않으면 미리 현장 근처에 밥차를
세팅하여 먹기도 하고, 번화가에서 촬영하는 경우는 주변 식
당을 이용하죠.

PM 1:00 촬영 재개

다시 촬영을 진행하고 정리하고 이동합니다. 식사와 촬영의
내용은 동일하고요. 이동 중이나 식사 중에 다양한 논의를 진
행하는데요, 다음 신의 촬영에 관한 이야기를 나누기도 하고,

다음 장소의 준비 상태에 대해 점검해요. 미술 세팅이 필요한 장소의 경우 미술팀과 연출팀이 먼저 세팅을 진행하면서 사진으로 현장 상태를 공유하고요. 중간중간 차량 이동 중에 부족한 잠을 자기도 하고, 대본이나 편집본을 보며 다음 촬영을 준비하기도 해요. 작가와 대본에 대한 논의가 있을 때는 통화도 하고, 다음 회차 촬영 장소를 컨펌하여 결정하고, 미술 세팅 준비할 것들을 지시하죠.

PM 10:00 촬영 종료 및 귀가

보통 12~15시간 정도의 촬영을 마치고 귀가합니다. 야간 신이 많아서 밤샘 촬영이 있는 경우는 늦게 집합해서 촬영을 진행한답니다.

드라마PD가 제일 많이 만나는 직업군이 있을까요?

편 드라마PD가 많이 만나는 직업군이 있을까요?

민 현장에 나가면 스태프들을 제일 많이 만나죠. 때에 따라 참석하지 않는 스태프도 있지만, 대부분의 고정 스태프는 늘 함께 다녀요. 추후 각 파트별 스태프를 소개하겠지만, 전체 인원수는 최소 30~40명 정도고 신의 규모나 드라마 장르에 따라 스태프 규모는 늘어납니다. 대본 작업을 하면서 작가도 많이 만나고요. 그중에 제일 많이 만나는 건 아무래도 연출부죠. 거의 같이 살다시피 하니까요. 연출부 팀원들과 대본이나 현장에 대해서 회의와 토론을 정말 많이 하거든요. 실제로 가족들보다 더 많은 시간을 함께 보내지요.

편 연출부는 어떻게 구성돼 있나요?

민 과거에는 조연출, FD, 스크립터 정도의 소규모로 구성되어 촬영 준비, 현장 진행, 후반 작업 등 프로덕션 전반에 관한 모든 걸 다 했어요. 그런데 점차 파트별로 역할이 세분되고 전문화되고 있어요. 영화 쪽은 드라마보다 먼저 역할별 분업을 해왔다고 하는데, 특히 조연출의 역할이 좀 더 세분됐고요. 이

제는 스케줄러, 야외 조감독, 미술 조감독, 인물 조감독, 내부 조감독 이런 식으로 나눠서 담당하는 개념들이 드라마 현장에서도 많이 적용되고 있죠.

 촬영 스케줄 짜는 업무는 스케줄러가 담당해요. 주연, 조연, 단역 등 많은 배우를 신에 맞게 한자리에 모아야 하므로 매니저나 배우들과 긴밀하게 소통하면서 스케줄을 짜는데요. 배우들은 드라마 외에도 영화, 연극, 그 외 다른 일정들이 있기 때문에 특히 여러 인물이 동시에 등장해야 하는 신을 촬영할 경우는 머리가 복잡해지죠. 우리가 헌팅한 로케이션도 늘 촬영이 가능한 것이 아니고, 미술적인 요소나 날씨 여건까지 고려해가면서 가장 효율적인 스케줄을 만들어야 하기에 여간 어려운 일이 아니에요.

 야외 조감독, 미술 조감독이라는 호칭을 혼용하여 사용하는데 미술, 분장, 미용, 의상팀과 소통하며 신에 필요한 요소들을 준비하고, 촬영 전에 미리 확인하여 촬영이 바로바로 이어질 수 있도록 FD를 지휘합니다. 디자인, 세트, 미술, 소품, 헤어, 의상까지 체크하고 문제가 있으면 빠르게 대안을 찾거나 스케줄을 조정하는 등 감독의 연출 의도를 가장 정확하게 이해해야 하는 자리죠. 현장에서 발생할 수많은 변수에 대응하려면 순발력과 판단력이 중요하고요.

인물 조감독은 캐스팅 과정을 서포트합니다. 오디션 진행, 단역 캐스팅 리스트업 등이 가장 큰 역할이에요. 캐스팅 디렉터와 협업하여 진행하기도 하고, 제작사나 연출진이 별도로 오디션을 하기도 해요. 드라마 업계에서는 인물 조감독만 하는 경우는 많지 않고, 조감독 업무 중 하나로 겸업을 하죠.

내부 조감독은 후반 작업을 총괄하여 담당합니다. 촬영 준비 단계부터 편집이나 CG 등 후반 작업에 관련된 요소들을 어떻게 촬영하는 것이 좋을지 편집부터 CG, 사운드, 음악 파트와 논의하여 최선의 방법을 현장에 반영해요. 연출자의 컨펌을 받고 후반 작업팀에 유기적으로 연결하여 최종 결과물을 만드는 종합 편집 과정까지 슈퍼바이저 역할을 하죠.

스크립터는 어떤 컷이 OK인지 NG인지 촬영하는 신의 모든 걸 다 기록합니다. 현장을 직접 겪지 않은 편집실에서도 이해하기 쉽도록 하나하나 세세히 기록하여 전달하죠. 현장에서 제기되는 감독과 스태프들의 의견도 기록하여 후반 작업 공정에 빼먹지 않고 반영할 수 있도록 하고요. 촬영 과정에서는 신의 시제에 따라 의상, 분장, 소품 등의 연결을 체크하며 오류가 없도록 스태프들과 크로스체크하는 역할도 해요.

🎬 FD는 촬영을 진행하죠. 콜타임에 맞게 배우와 스태프를 스탠바이 시키고, 파트별 준비 상태를 점검하며 계획한 스케줄을 정해진 시간 안에 촬영할 수 있도록 합니다. 촬영 현장에서는 도로나 행인들을 통제해야 할 때도 있고, 필요에 따라 촬영 시간 단축을 위해 각 팀 스태프의 일을 도와 세팅을 하기도 하고, 멀티로 현장에서 필요한 모든 일을 다 한다고 보면 돼요.

여기까지가 작품 내내 늘 함께 생활하는 연출부입니다. 로케이션팀은 현장 스태프이지만, 연출부와 긴밀하게 연결되어 있어서 함께 설명해 드릴게요.

🎬 로케이션팀은 최근에는 팀 단위로 여러 명이 담당해요. 대본에 묘사된 장소 콘셉트에 맞춰서 여러 곳을 둘러보고 좋은 후보들을 사진이나 동영상으로 촬영하여 연출진과 공유하죠. 사진으로 확인 후 좋은 곳은 함께 장소 헌팅을 가서 실제 현장은 어떤지, 대본의 상황을 어디까지 소화할 수 있는 공간인지, 미술 세팅은 어떤 것을 해야 하는지 등 세부 사항을 확인하고요. 적당한 장소가 현실 속에 없으면 다른 대안을 찾아서 세팅하기도 하고 세트를 짓기도 하는데, 그런 아이디어를 제안하기도 해요.

연출부는 드라마PD가 되는 필수과정인가요?

편 연출부는 드라마PD가 되려고 과정을 밟고 있는 거예요?
연출부는 드라마PD가 되는 필수과정인가요?

민 꼭 그런 건 아니지만 대부분은 그렇죠. 언론고시라고 불
리는 방송사 공채시험을 준비해서 드라마 연출이 되는 과정도
여전히 존재하고, 많은 지망생이 지원하고 있어요. 방송국 공
채시험에 합격하면 보통 조연출부터 시작해요. 그런데 요즘은
방송국 공채 조연출 채용 인원이 많이 줄기도 했고, 연출보다
는 프로듀서 개념으로 선발을 많이 하죠. 그러다 보니 연출자
의 꿈을 갖고 있는 사람들은 일찌감치 연출부를 하면서 현장
에서 단계를 밟아가는 경우가 늘어난 거예요. 방송사 소속 인
하우스PD가 되면 선배 연출자의 조연출을 하면서 성장하는
데, 드라마 시장의 확대로 인해 프리랜서 연출자도 늘어나면
서 위와 같은 변화가 컸어요. 아무리 FD를 오래 해도 감독이
되기 힘들었던 시절이 있었는데, 요즘은 인식도 점차 바뀌고
FD부터 시작해서 감독으로 성장한 경우도 많이 생기면서 현
장에서도 꿈을 키울 수 있는 상황이 됐죠.

편 업무 강도는 어떤가요?

민 업무 강도는 센 편이에요. 사실 정해진 출퇴근이 있는 게 아니고 그때그때 상황에 맞춰 일을 하는 경우가 많아요. 밤 신을 촬영할 때는 밤을 새우기도 하고, 촬영지에 따라 전국을 돌아다니기도 하고요. 규칙적인 시간에 업무를 하는 것이 아니기에 개인 생활과 일의 영역을 구분하기 힘든 직업인 것 같아요. 요즘은 주 52시간 근무 시스템이 드라마 현장에도 적용되고 있긴 해요. 촬영하는 날처럼 전체 스태프들이 모이는 날은 철저히 준수하지만, 그 전에 준비하는 과정에서는 일하는 시간과 쉬는 시간의 경계를 나누기가 쉽지 않아요.

특히 연출이나 작가는 정해진 시간에만 일할 수 없잖아요. 작가들은 컴퓨터 앞에 앉아서 글을 쓸 때만 일하는 게 아니라, 걸어 다닐 때나 밥을 먹을 때도 계속 생각하거든요. 연출도 마찬가지예요. 보통 주 4일 촬영하는데, 나머지 시간은 다음 촬영을 위한 회의나 콘티 작업, 편집, 배우 미팅, 장소, 미술, 세트 컨펌, 작가와 대본 회의 등을 해요. 작품을 제작하는 동안은 푹 빠져있는 느낌이죠. 그러다 보면 거의 쉬는 날이 없어요.

그렇게 하지 않으면 정해진 제작 기간 내에 촬영하기 어렵기
도 하고요.

편 정신적인 노동 강도가 센 직업이네요.

민 네. 맞아요. 모든 스태프나 팀들이 연출감독과 논의하여
결정하는 구조라서 중간중간 결정할 것들이 정말 많아요. 그
리고 그런 것들을 빨리 처리해야 촬영 일정에 맞춰 각 파트에
서 원활하게 준비할 수 있고요. 개인적인 시간을 주장하기는
쉽지 않은 직업이죠. 노동 강도가 세더라도 나름의 방식으로
업무 스트레스를 틈틈이 해소하는 것도 연출자의 능력이라고
할 수 있어요.

편 PD가 많이 사용하는 장비가 있나요?

민 연출이 전문적으로 사용하는 장비랄 건 없는데, 대본과 펜이 가장 중요한 장비라고 할 수 있죠. 보통 대본을 책으로 인쇄해서 배포하는데, 요즘 현장에서는 태블릿을 많이 써요. 콘티 작업, 편집본 확인, 장소 사진 확인 등 다양한 일을 할 수 있어서 저도 몇 년째 태블릿을 사용하고 있고요.

〈미씽 2〉 촬영 현장 태블릿

과거에는 다음 주나 그다음 주에 방송될 분량을 한 주 분량씩 촬영하면서 방송을 내보냈기에 대본을 여러 권 챙기는 일이 드물었다면, 최근 드라마는 사전 제작 분량이 늘어나면서 한 번에 여러 회차의 대본을 섞어서 촬영하는 경우가 많아요. 촬영할 때 대본의 순서대로 찍진 않거든요. 효율적인 시간 활용을 위해서 대본상의 시제가 달라도 같은 장소면 몰아서 찍는데, 그 많은 대본을 책으로 들고 다니면 불편하더라고요. 그래서 요즘은 배우나 스태프도 태블릿으로 대본을 보는 경우가 많죠.

편 이 직업의 장점은 뭔가요?

민 내가 하고 싶은 이야기를 드라마로 세상의 수많은 사람에게 할 수 있다는 거죠. 그게 가장 큰 장점인 것 같아요.

편 배우뿐 아니라 스태프들까지 정말 많은 사람을 만나는 직업이에요.

민 네. 맞습니다. 배우들도 그렇고 스태프들도 작품마다 다 다르거든요. 만약에 제가 한 직장에서 20년 일을 한다면, 같은 상사와 동료들 사이에서 오는 답답함이나 매너리즘도 있었을 것 같아요. 그런데 이 일은 작품마다 새로운 사람들을 만나는 데서 오는 신선함이 분명히 있어요. 그리고 대부분 스태프의 연령대가 낮은 편이에요. 젊은 스태프들과 섞여 일하면서 저도 정신적으로 계속 리뉴얼되는 느낌이랄까요. 어쨌든 대중예술을 하는 입장에서 지금의 트렌드를 같이 호흡하고 있느냐는 중요한 부분이거든요. 그래서 저보다 젊은 세대들과 더 소통하고 같이 호흡하려고 노력하고, 늘 많은 걸 배우고 있습니다.

〈인사이더〉 교도소 프리 비주얼

편 학생들은 배우나 연예인들과 작업하는 것도 장점이라고 생각할 수 있을 것 같아요.

민 그렇죠. 누구나 만나보고 싶어 하는 유명한 배우들과 같이 작업한다는 것도 너무 기분 좋은 일이죠. 이쪽 계통의 일을 하지 않았다면 언제 또 그런 분들과 같이 호흡하면서 일할 기회가 있겠어요. 소수의 사람만 누리는 특권인 건 맞죠. 어릴 때부터 화면 속에서 보며 동경하던 사람들이 내가 만드는 드라마에 출연하는 경우 특히 그렇죠. 스태프 중에는 성덕이 된 기뽐을 누리는 일들도 많이 있어요. 드라마 〈인사이더〉에 중국의 판빙빙 배우가 출연했는데, 글로벌 스타와 함께 작업을 했다는 것이 저로서도 잊지 못할 신선한 순간이었죠.

〈터치〉 현장 미술 세팅

편 이 직업의 단점은 어떤 건가요?

민 가장 큰 단점은 시간이죠. 개인적으로 보내는 시간이 적다 보니까 가족들에게 미안할 때가 많아요. 돌이켜 생각해 보니 특히 조연출 때는 소통해야 할 일도 많고, 처리해야 할 일도 많아서 늘 바빴던 것 같아요. 사람에 따라 개인차는 분명히 있을 거예요. 빨리 적응하고 병행을 잘하는 분들도 있을 테니까요. 연출이 되고 나면 좀 나아질까 했지만, 여전히 결정해야 할 것도, 계획하고 논의해야 하는 것도 많은 건 사실이에요. 권한이 주어진 만큼 책임도 더 커지고요. 그만큼 저의 결정이 신중해지고 마지막 순간까지도 더 옳은 것이 어느 쪽인지 고민하는 일이 많죠. 그래도 최근에는 근로 시간이 완화되어서 촬영 시간이 정해져 있고, 스케줄이 고지되면 쉬는 날을 미리 계획할 수 있게 되었어요. 시간이 흐를수록 드라마 업계의 업무 환경도 눈에 띄게 좋아지고 있어요. 드라마 스태프들 각자의 삶이 즐겁고 행복해질수록 더 좋은 인재들이 이 업계로 오지 않을까 기대합니다.

편 작품을 하면서 가장 보람을 느낄 땐 언제인가요?

민 의외의 장소에서 우리 작품 얘기를 들었을 때인 것 같아요. 식당에 갔는데, 옆 테이블에서 우리 드라마가 재미있다는 얘기를 듣는다거나 댓글에 좋은 평가가 많고, 해외에서도 반응이 좋다는 얘기를 들으면 정말 뿌듯하죠. 〈미씽〉도 그런 기사가 나왔거든요. 그만큼 많은 사람이 공감해 주고 있다는 의미니까 보람 있어요. 그리고 무명 배우였는데, 우리 작품에 출연하면서 알아보는 사람들도 많아지고 잘되면 그때도 뿌듯하더라고요. 그리고 개인적으로는 〈미씽 1〉이 끝나고 시즌 2가 제작될 때도 보람 있었어요. 시즌 1이 많은 공감을 끌어냈기 때문에 시즌 2가 가능한 거잖아요. 우리나라는 시즌제가 드물기도 하지만, 시즌을 제작하더라도 작가는 그대로 가고, 연출이 바뀌는 경우가 많거든요. 그런데 시즌제를 연이어서 제작하고 제가 투입되었다는 건, 저도 그만큼 잘 해냈다는 의미여서 너무 감사했죠.

편 같이 작품을 하고 이후에 많이 성장한 배우들이 있을까요?

〈미씽 1〉 촬영 현장 지미집

민 박보영, 유승호 같은 배우는 사극 조연출을 할 때 아역으로 만났어요. 지금은 다들 주인공을 맡는 톱 배우로 성장했지만요. 그 외에도 정말 셀 수 없이 많은데, 함께 작업했던 배우들이 빠르게 성장하고 활약하는 모습을 보면 너무 기쁘고 뿌듯하죠. 서로 눈부시게 성장해서 또 다른 현장에서 다시 만나는 것만큼 행복한 일이 있을까요?

편 이 일을 그만두고 싶다고 생각한 적은 없나요?

민 없었다면 거짓말이겠죠. 앞에 말씀드린 것처럼 업무 강도도 높고, 가족이나 친구들의 경조사에도 참석하지 못하는 경우가 많았으니까요. 개인적으로는 인간관계를 중요하게 생각하는 편이거든요. 그래서 조연출 시절에는 내가 사람 노릇을 못 하면서까지 할 만한 가치가 있는 직업일까 고민했었죠. 정말 좋아하는 일이고 매 순간 재미있는 일이지만, 내가 얼마나 더 성장할 수 있을지 불확실할 땐 내적 갈등이 생기게 마련이니까요.

그리고 많은 사람을 만나다 보면 항상 관계가 좋을 순 없어요. 작품 내에서 정말 중요한 사람과 갈등이 있거나 해결점이 안보일 때도 있었고요. 그럴 땐 그만두고 싶다는 생각을 한 적이 있었는데, 지금은 그런 생각은 잘 안 들어요. 여러 작품을 해오면서 다양한 케이스를 겪다 보니, 제 마음속에 수용할 수 있는 공간이 더 커진 느낌이랄까요. 드라마 내용에도 많이 나오지만, 여기가 끝이라고 생각하면 곧바로 희망은 사라지니까요.

PD의 연봉은 어떻게 되나요?

편 PD의 연봉은 어떻게 되나요?

민 제가 회사에 입사할 때는 대기업에 입사했던 친구들의 연봉과 비슷하게 시작했어요. 벌써 십여 년 전 금액이지만, 초봉이 3천만 원대 초중반 정도였고요. 예전에는 방송사나 제작사도 다 호봉으로 급여가 올랐었는데, 요즘은 실적을 반영해서 매년 연봉 계약으로 한다고 알고 있어요. 드라마PD는 프리랜서로 활동하면 회사 소속으로 있을 때보다는 연봉을 많이 받아요. 이전 작품이 잘되면 다음 작품에 가치가 더 오를 수도 있고요. 연출료는 개인차가 크지만 연간 연출하는 작품 수가 많아지면 연봉이 1억에서 수억까지 다양하게 존재하죠.

편 드라마 전체에서 제일 많은 돈을 받는 사람이 작가와 PD인가요?

민 연륜과 능력에 따라 유명 작가나 PD들도 많이 받는 분들이 있지만, 가장 큰 몫은 유명 주연 배우들의 출연료예요. 배우에 따라서 국내외 유통 판매가도 달라지고, 협찬도 다르게 들어오니 유동적이지만 최근 제작 환경에서는 그렇죠. 한때는

〈여자만화 구두〉 촬영 현장

작가 집필료가 가장 높던 시절도 있었어요. 어느 작가가 극본을 쓰느냐가 시청률에 큰 차이를 가져오는 시기였거든요. 그러다가 차츰 케이블 TV, 종합편성채널 등 방송사도 늘어나고 유튜브나 OTT 플랫폼까지 생겨났는데, 특히 10년 내외로 해외에서 한국 콘텐츠 수요가 급격히 늘어나면서 제작 편수도 증가했고, 결국 주인공을 할 배우들에 대한 경쟁이 심화되면서 이런 추세가 되었어요. 스태프들도 다 같이 인플레이션이 된 상황이지만, 콘텐츠 시장의 변화에 따라서 이런 판도는 계속 달라지겠죠.

본인이 드라마PD로서 노력하는 건 어떤 건가요?

편 본인이 드라마PD로서 노력하는 건 어떤 건가요?

민 시대에 뒤처지지 않으려고 노력해요. SNS나 유튜브, 예능도 찾아보고, 해외 드라마나 영화도 보면서 흐름을 파악하려고 하죠. 다른 사람들은 어떤 표현을 하는지도 참고하고, 내가 상상하지 못했던 이야기를 접하거나 장면을 보면서 새롭게 영감을 받기도 하고, 깨우치는 것들도 많아요. 현장에서는 나이 어린 배우나 스태프들과 대화하면서 그 또래의 행동이나 사고방식에 대해서도 연구하고요.

편 그 연령층을 주 소비 계층으로 보기 때문인가요?

민 주 소비 계층에 포함되는 건 맞아요. 실제로 방송업계에서 20~50세 사이의 경제활동이 왕성한 사람들을 타깃 시청층으로 보거든요. 제가 노력을 하는 이유가 꼭 그것 때문만은 아니지만요. 어차피 제 나이대나 우리 윗세대에 대해서는 이미 어느 정도 알고 있고 공감대도 있는데, 그다음 세대에 대해선 모르는 부분이 많잖아요. 과거의 모습이나 행동들은 지난 자료를 참고할 수 있지만, 새로운 문화는 현재 상황 속에서 배울 수밖에 없으니까요. 무작정 젊은 세대들 노는 곳에 따라갈 수도 없고요. 그래서 대화할 때나 가까운 사람들에게서 그 세대의 문화나 감성을 배우려고 하는 거죠. 드라마는 결국 사람에 대한 이야기인데, 시대마다 사람들의 생활방식이나 표현양식이 다 다르거든요. 그것들에 대해 연구하는 것이 각각 다른 시대의 연기를 디렉팅하는 데에도 큰 도움이 되죠.

그리고 새로운 생활방식이나 AI 같은 새로운 기술이 발전하는 부분에 대해서도 꾸준히 관심을 두는 편이에요. 거기에서 파생되는 새로운 이야기가 분명히 있거든요. VR 기술이 한창 실험 중일 때는 VR 환경에서 스토리텔링을 해보려고 짧은 VR 드라마를 만들어 보기도 했어요. 앞으로 기술이 더 진보하면 평면적 스크린 외에도 다양한 매체를 통해서 이야기를 그려내야 할 테니까요.

한때는 배달 알바를 해본 적도 있어요. 코로나 시기가 되면서 비대면, 재택으로 많은 일들을 하게 되었고, 배달 기사들이 우리의 발이 되어줬잖아요. 그들의 삶 속에서 뭔가 이야기를 찾을 수 있지 않을까 했는데, 비대면으로 혼자 하는 일이라서 에피소드가 생길 틈이 없더라고요. 이렇게 직접, 간접적으로 새로운 이야기를 찾아다녀요.

그리고 새로운 배우를 찾기 위해서 연극을 보러 가기도

〈달려라 구구단〉 촬영장 VR 촬영

하고, 만나보지 못한 배우들은 수시로 오디션도 보고요. 평소
에 차곡차곡 쌓인 시간이 작품을 할 때 재산이 되어왔기에 늘
여러 방면으로 노력을 많이 하는 편이에요.

편 외국의 드라마PD를 만나본 적 있나요?

민 개인적으로 따로 만나본 적은 없고, PD연합회에서 해외 연수로 국제포럼에 참석해 외국 PD들과 교류한 적이 있어요. INPUT이라는 국제 공영방송 콘퍼런스인데요, 각국의 PD들이 모여서 국가별 작품들을 감상하고 토론하는 자리도 있고, 방송업계에 대두된 다양한 주제들을 두고 미래 방향을 연구하는 자리예요. 그곳에서 평소 우리가 보지 못했던 문화권의 드라마도 볼 수 있었는데, 환경이 다르니까 콘텐츠도 아주 다르더라고요. 우리나라에서는 상상도 못 하는 괴짜스러운 작품들도 있고요. 역시 세상은 넓고 이야기의 가지는 무한대로 뻗어나갈 수 있다는 생각에 신기했죠.

미국 영화감독을 초청해서 대화를 나누는 행사에 참여했을 때는 문화의 차이도 느꼈지만, 콘텐츠 창작자의 입장에서 세계를 바라보는 시선의 차이도 느낄 수 있었어요.

반면에 문화의 차이를 뛰어넘어 인간이 느끼는 감동과 재미는 같다고 생각했던 건 인도에 갔을 때였어요. 발리우드 영화는 음악과 군무가 있는 쇼 개념이라고만 생각을 해오다가

미국 감독 초청 포럼

스토리가 탄탄한 인도 영화를 보면서 인도 영화시장의 저력도
느낄 수 있었어요. 훗날 그 영화를 기반으로 드라마를 만들어
보고 싶어서 인도 영화감독과 직접 메일을 주고받기도 했었
죠. 기회가 된다면 꼭 만들어 보고 싶어요.

편 존경하는 인물이나 멘토가 있나요?

민 내가 드라마를 언제 즐겨봤었나 곰곰이 돌이켜 생각해 보니, 어린 시절 드라마는 제 삶 속에 엄청나게 큰 부분을 차지하고 있었어요. 〈사춘기〉, 〈나〉, 〈천재 소년 두기〉, 〈케빈은 열두 살〉, 〈천사들의 합창〉처럼 같은 세대를 살아가는 청소년 드라마를 보면서 공감하기도 했고, 〈맥가이버〉, 〈슈퍼소년 앤드류〉, 〈6백만 달러의 사나이〉, 〈소머즈〉, 〈전격 Z작전〉, 〈에어울프〉, 〈V〉 같은 외화를 보면서 과학 천재들에 열광하고 미래 세계나 외계인을 보기도 했죠. 〈전설의 고향〉, 〈M〉을 보면서 공포를 마주하고 이겨내 보려 애썼던 기억도 있고요. 울고 웃으며 봤던 〈수사반장〉, 〈전원일기〉, 〈TV 손자병법〉, 〈목욕탕집 남자들〉 같은 장수 드라마나 〈남자 셋 여자 셋〉, 〈세 친구〉, 〈프렌즈〉, 〈논스톱〉 같은 시트콤을 보면서 배꼽 잡고 깔깔대던 시간도 잊을 수 없어요. 제 인생의 스승들도 저의 삶에 큰 깨달음을 주며 지금의 제가 있도록 이끌어주셨지만, 더 넓은 세상을 보게 해줬던 수많은 드라마와 제작진들에게도 이 지면을 빌어 진심으로 감사 인사를 드리고 싶어요.

편 직업병은 어떤 건가요?

민 앞서도 살짝 언급했지만, 드라마를 볼 때 촬영은 어떻게 했는지, 편집이나 사운드는 어떤지, 연기는 어땠는지 분석하면서 보는 게 습관이 되다 보니까 이야기에 몰입이 안 되고, 자꾸 다른 생각을 하면서 이야기의 흐름에서 이탈하게 되는 게 제일 큰 직업병인 것 같아요. 그러니까 작품을 재미있게 보기가 어렵더라고요. 그리고 영화도 극장에서는 푹 빠져서 보게 되는데, 집에서 TV로 보면 분석하게 되고요. 오히려 다큐멘터리나 예능을 볼 때는 색안경을 벗게 돼요. 드라마 영역이 아니기 때문에 현장 상황을 떠올리지 않고 더 편하게 볼 수 있어요. 그럴 때 비로소 진짜 시청자가 되는 거죠.

연출 팀원들이 지적(?)한 저의 또 다른 직업병도 있어요. 독특하거나 좋은 장소를 같이 보면 어떤 장면을 촬영하기 좋겠다는 생각들을 나누게 되는데, 장르극을 몇 작품 연출하다 보니 '저런 곳에 시체가 들어있으면 어떨까?'라는 끔찍한 생각이 저도 모르게 툭 튀어나오기도 해요. 감동을 크게 만들기 위해 현실보다 더 잔인하게 설정된 상황을 늘 마주하기 때문이겠죠.

편 다른 PD들은 어떤 직업병이 있는지 들어보셨나요?

민 드라마를 순수하게 푹 빠져서 보기 어렵다는 의견들은 대체로 비슷한 것 같아요. 그래서 해외 작품을 주로 본다는 사람들도 있고요. 작가들이나 다른 촬영 스태프들도 비슷한 말을 많이 하세요. 저런 대사는 너무 좋다, 아니면 상황을 좀 다르게 하면 좋았겠다. 이러면서 보게 되니까 드라마를 있는 그대로 못 본다는 거예요.

다른 직업병을 토로했던 경우도 있긴 해요. 바쁜 일정에 쫓겨서 촬영하다 보니 식사를 급하게 빨리 먹는다거나, 촬영 전날에는 잠을 잘 자지 못한다거나, 소화가 잘 안돼서 영양제로 버티는 경우죠. 꼭 이쪽 업계만의 직업병은 아니지만요.

편　스트레스는 어떻게 해소하세요?

민　개인적으로 운동을 즐겨 하는 편은 아니지만 땀을 흠뻑 흘리고 대자연을 마주하면 스트레스가 풀리긴 해요. 가족들과 자전거를 타거나 연출팀과 등산을 가거나 스태프들과 축구를 하거나 지인들과 골프를 치는 자리를 가져요. 사람들과 어울려서 신나게 웃고 떠들다 보면 스트레스는 어느새 해소되죠. 늘 드라마 업무에 시간을 많이 쏟다 보니 업무 외 활동을 하기만 해도 그 시간이 그렇게 소중할 수가 없어요.

　최근에는 백패킹을 시작했는데 묘한 매력이 있어요. 자연 속에서 시간을 갖다 보면 정신적인 디톡스를 하는 기분이 들어서 좋아요. 최근에 시작해서 아직 많이 가보진 못했지만, 자연 속에서 1박을 하고 아침에 텐트를 열었을 때 아무도 밟지 않은 설산이 펼쳐져 있는 광경을 보는 기분이란! 가끔은 매체나 전파로부터 저를 좀 떼어 놓는 게 필요하다는 생각이 들어요. 대자연 속으로 백패킹을 다니다 보면 휴대전화가 안 터지는 곳도 있거든요. 세상과의 견고한 연결의 끈이 없어진다는 생각에 잠깐은 두렵지만, 그걸 내려놓은 이후는 더 마음이 편

해지기도 하죠.

　　조연출 시절엔 스태프나 감독님들 전화도 많이 오고 제가
전화할 일도 많았어요. 휴대전화 배터리를 다섯 개씩 가지고
다닐 정도로 통화량이 많았죠. 그 당시에는 "조연출은 24시간
소통할 수 있도록 전화가 꺼지면 안 된다."는 선배들의 이야기
가 있었어요. 오지에서 촬영할 때도 원격으로 다른 업무를 해

〈사랑하는 사람아〉 조연출

야 하니 인터넷이 연결되어 있어야 한다는 강박도 있었고요.
일하면서 많이 소통하고 어울리는 것을 좋아하지만, 가끔은
그런 모든 것에서 분리됐을 때 오는 쾌감도 있고 스스로에게
도 좋은 자극이 되는 것 같아서 좋아요.

편 다른 직업으로 이직하는 경우도 있나요?

민 가끔 새로운 인생을 찾아서 부업을 시작하거나 전혀 다른 사업을 시작하는 분들도 있긴 해요. 보통은 연출자가 일선 현장을 떠나더라도 제작사를 차린다거나 기획 파트로 가거나 다른 형태의 콘텐츠를 제작하거나 어쨌든 업계 안에서 연관된 일을 많이 하는 것 같아요. 많지는 않지만, 영화감독으로 전향한 분도 있고, 작가가 되어 기획을 하거나 연예기획사를 설립해서 배우를 양성하는 분들도 봤어요. 후배 중에도 인플루언서나 유튜브 채널 같은 영상업계로 이직한 케이스도 있고요.

　　나이와 무관하게 혈기 왕성하게 드라마 연출자로 활약하는 선배 감독님들도 있는데, 현장의 업무 강도도 높고 트렌드에도 민감한 업종이라 나이에서 오는 이슈를 무시할 수 없어 이직하는 일도 있어요. 드라마를 연출할 기회가 보장된 건 아니기 때문에, 자신만의 고유한 영역을 구축하지 못하고 시대감각이 떨어진다면 점점 연출할 기회가 줄어들 수밖에 없어요. 체력은 기본이고 트렌드 감각까지 무한한 노력이 뒷받침되어야 좋은 연출자로 오랜 기간 인정받는 거겠죠.

편 이 직업을 묘사한 작품이 있나요?

민 〈그들이 사는 세상〉이라는 드라마가 있어요. 실제 드라마
업계에서 일어나는 일들을 가장 현실적으로 보여줬다고 생각
해요. 물론 그들처럼 멋지고 아름다운 비주얼로 일했던 건 아
니지만요. 방송국에서 일하는 사람들의 실제적인 묘사를 보면
서 같은 일을 하는 입장에서 재미있게 봤는데, 당시 지상파 기

〈미씽 1〉 두온마을 헌팅

준으로 빅 히트 시청률이 나오진 않았어요. 시청자들이 기대하는 방송국 사람들의 모습이 따로 있는 걸까, 리얼함이 시청자들의 판타지를 오히려 방해한 걸까, 여러 가지 질문들을 스스로 던져보며 시청자 입장에서 많이 생각해 보게 된 작품이었죠. 그리고 〈멜로가 체질〉이라는 작품도 드라마 업계의 재미있는 에피소드를 맛깔나게 잘 표현해서 스태프들 사이에서 회자가 많이 됐어요.

〈못난이 주의보〉 야외 세트 제작

드라마PD가
되는 방법

어떤 과정을 통해서 드라마PD가 되었나요?

편 어떤 과정을 통해서 드라마PD가 되었나요?

민 저는 대학교에서 신문방송학을 전공했고, 소위 '언론고시'라고 불리는 드라마PD 공채 과정을 통해 입사했어요. 서류전형, 필기시험, 면접 단계를 거쳤고요. 학교에서는 신문과 방송이라는 언론 전반에 대해 배우며 기본을 익혔는데, 전공 커리큘럼은 신문과 보도에 관련된 내용이 주를 이뤘어요. 그러다 보니 기획이나 연기, 영상편집이나 촬영에 관한 가르침을 받기 위해 연기예술학과나 영상학과 수업을 청강하기도 하고, 외부 단체에서 영상 제작 활동을 하고, 연합동아리에서 방송국 찬조 활동을 다니며 두루 경험을 쌓았죠. 사실 그 당시에는 관심과 흥미가 이끄는 대로 즐기는 일들이었는데, PD로 성장하는 데에 큰 재산이 되었습니다.

공채시험은 전공 공부와는 방향이 좀 달랐기에 4학년 때부터 1년간 논술, 작문, 시사상식, 어학 중심으로 공채시험 과목을 집중적으로 준비했어요. 내가 미래에 어떤 작품을 할지 기획안도 별도로 작성해 보고요. 같은 꿈을 가지고 있는 사람들이 삼삼오오 모여서 같은 주제를 놓고 글을 쓰고, 서로의 글에 관해 토론도 하는 언론사 스터디를 했어요. 글도 많이 써보고 싶었고 많은 사람의 다양한 평가를 받고 싶어서 스터디 그룹을 두세 개 병행했던 기억이 납니다. 스터디에서 상식 교재로 모의시험을 보고, 영어 성적을 끌어올리려고 토익 스터디도 하고, 부족했던 학점을 보완하려고 계절학기에 재수강까지 분주했던 날들이 떠오르네요. 사실 예전에도 드라마PD가 되는 관문이 좁았는데 요즘엔 더 힘들어졌다고 해요. 드라마PD를 신입으로 공개 채용하는 인원수가 많이 줄어들었고, 경력 공채 비율이 높아졌다고 들었어요.

편 그럼 어떻게 해야 하나요?

민 어떤 과정을 통해 드라마PD가 되더라도 준비과정이 탄탄한 기초가 되기에 필수적으로 방송사 공채에 도전하는 것을 1순위로 권합니다. 교양, 예능, 라디오, 드라마 등 다양한 직군의 PD를 구분 없이 통합 채용하고 추후 희망 부서를 선택하는 곳도 있고, 방송사나 제작사의 프로듀서로 입사해서 드라마 연출자로 성장하는 사례도 있으니 공채 지망 분야를 폭넓게 생각하는 것도 방법이고요. 앞서 말씀드린 것처럼 경력 공채 비중이 크다면, 외주제작사나 MCN 등에 취업하여 차근차근 제작 경력을 쌓는 것도 방법이겠죠.

접근 방식이 다르지만, 드라마 연출부로 시작하는 것도 방법이에요. FD에서 조연출로 또는 스크립터에서 내부 조연출로, 그러다가 조연출로서 촬영 경험도 쌓게 되는 거죠. 웹드라마나 단막극을 기회로 연출자가 되거나 B팀 연출자로 데뷔해서 메인 연출로 성장하는 연출자들도 많이 있으니까요. 개인 역량에 따라 차이는 있겠지만, 차근차근 성장하면서 연출자가 될 수 있는 길은 열려 있어요.

비슷한 예로, 방송업계 전반에 관심을 가지고 입문하여 오디오팀, 촬영팀, 조명팀, 연출팀, 제작부, 미술팀, 편집실, CG팀 등 다양하게 경험해 보면서 자신의 자리를 찾아가는 경우도 있고요. 막내 때는 힘도 들고 박봉이기에 포기하고 방송계를 떠나는 경우도 많은데, 업계에 애정과 관심이 많은 이들에게는 다른 파트도 경험해 보면서 좋아하는 일을 찾을 수 있게 기회를 주기도 해요.

방송일이나 드라마를 해보고 싶은데 어떻게 해야 할지 모르겠다고 하는 분들이 있는데요. 일단 보조출연을 하든 연출팀 보조 알바를 하든, 무슨 일이든 현장을 한번 경험해 보라고 얘기해 주고 싶어요.

〈왕과 나〉 촬영 현장 메이킹 촬영

편 현장을 경험하려면 어떻게 하면 되나요?

민 〈필름 메이커스〉라는 온라인 커뮤니티에 모집 공고들이 올라와요. 다양한 파트에서 인원을 모집하는 공고를 볼 수 있는데요, 본인의 의지만 명확하다면 드라마 업계에서 일할 기회는 많이 있다고 생각해요. 꼭 스태프로 참여하는 것이 아니라면, 보조출연 업체를 통해서 보조출연자로 출연해 보면서 촬영 현장을 경험해 볼 수도 있어요.

편 학창 시절에 잘해야 하는 과목이나 노력하면 좋은 분야가 있을까요?

민 일단 국어를 잘하면 큰 도움이 되리라고 생각해요. 언어로 섬세한 표현들이 이루어지고 언어를 기반으로 쓰인 대본을 영상으로 표현하는 거니까요. 대본에 적힌 글을 똑같이 보더라도 그 문맥과 행간의 의미를 파악하는 능력과 그걸 다시 스태프나 배우에게 묘사하고 표현하는 능력이 중요한 직업이에요. 단순하게 국어 성적이 잘 나와야 한다기보다 이해의 폭이 중요한 거죠. 그래서 다양한 문학 작품이나 인문학 서적도 많이 읽고, 사회현상이나 여러 가지 폭넓은 분야에 관심이 있으면 좋겠어요.

드라마에는 다양한 이야기가 나오잖아요. 그래서 아주 전문적인 깊이까지는 아니더라도 폭넓게 세상을 들여다보는 게 도움이 돼요. 예를 들어 천체물리학자가 나오는 드라마라고 하면, 최소한 그 캐릭터가 다루는 내용이 대충 뭔지는 이해하거나 짐작할 정도의 소양은 갖추고 있는 게 좋다는 거죠. 깊이 는 작품을 준비하면서 전문가들을 만나 도움을 받고 공부하면 되거든요. 하지만 천체물리학이 뭔지 전혀 모른다면 힘들겠죠. 예전에는 오로지 책을 통해서만 정보를 얻었다면, 요즘은 인터넷, 유튜브, 팟캐스트 등 채널들이 많잖아요. 예를 들면 '지대넓얕'이라는 팟캐스트가 있는데, 지적 대화를 위한 넓고 얕은 지식의 줄임말이에요. 다방면의 폭넓은 인문학을 경험할 수 있어요. 좋은 환경은 이미 만들어져 있으니까 학생들이 조금만 관심을 가진다면 얼마든지 준비할 수 있을 것 같아요.

영상을 찍는 경험이 나중에 도움이 되나요?

편 요즘은 초등학생들도 영상을 찍어서 유튜브나 SNS에 올리더라고요. 그런 경험들이 나중에 도움이 될 수 있을까요?

민 영상 자체는 초등학생의 유튜브 영상이나 넷플릭스의 드라마나 다르지 않다고 생각해요. 그리고 영상 작업을 해보는 건 어떤 형태로든 도움이 되죠. 짧든 길든 자신이 촬영하고 편집한 영상을 다른 사람들에게 보여주고 피드백을 받아보는 경험이 사실 영상에 중독되는 첫 단계거든요. 어렸을 때, 저희 할아버지가 야심 차게 구입한 캠코더가 있었어요. 처음 몇 년은 열심히 찍으셨는데, 연세가 높아서 가족들 생일이나 모임 때마다 자연스럽게 제가 찍게 됐죠. 나중에 가족들이 다 같이 보기도 하고 잘한다고 칭찬도 해주시는데, 그게 너무 재미있더라고요. 그런 한 번의 경험이 강력한 임팩트가 되거든요. 대학 시절엔 친구들과 영상 작업을 하면서 좀 더 재미를 느꼈고, 이 일에 대한 확신도 갖게 됐어요. 일로서 돈을 받으면서 할 때는 절대 해서는 안 되는 실수들이 있잖아요. 그런 시행착오들을 학창 시절에 미리 경험해 본 게 많은 도움이 됐어요.

유튜브 콘텐츠와 드라마는 어떤 차이가 있을까요?

편 요즘 대형 유튜버들을 보면, 직접 연기하는 콘텐츠도 많던데요. 이런 콘텐츠와 드라마는 어떤 차이가 있을까요?

민 유튜버가 연기하는 콘텐츠는 대부분 예능이나 콩트의 느낌이 강한 것 같아요. 그런 콘텐츠와 드라마의 차이는 진짜처럼 보이느냐 아니냐가 가장 큰 부분이라고 생각해요. 보통 드라마를 보면 등장하는 주인공이 실존하는 인물이고, 그 배경도 진짜라고 믿으면서 공감하고 몰입하게 되잖아요. 기본적으로 드라마는 시청자들이 현실이라고 믿고 감정 이입할 수 있도록 계속 세팅을 해주거든요. 리얼하게 만들어야 개연성이나 몰입감이 깨지지 않기 때문에 화면을 채우는 모든 것들에 신경을 많이 쓰죠. 웹드라마는 드라마와 차이가 없다고 보는데, 유튜버가 직접 등장하는 경우는 사람들이 상황에 대한 공감은 똑같이 하더라도 그걸 실제 상황으로 간주하면서 몰입하진 않겠죠.

짧은 영상을 선호하는 현상은 어떻게 생각하시나요?

편 그럼, 틱톡이나 쇼츠 같은 짧은 영상을 선호하는 현상에 대해서는 어떻게 생각하시나요? 15초에서 10초로 더 짧아지고 있는데, 긴 호흡의 드라마에도 열광하죠. 이런 현상이 동시에 일어나고 있는 건 어떻게 바라봐야 할까요?

민 저는 좀 다른 개념의 소비인 것 같아요. 비유하자면, 잠깐 즐겁게 풍선껌을 씹는 것과 프랑스 레스토랑에 가서 코스 요리를 먹으면서 풍미를 느끼는 차이가 아닐까 싶어요. 다른 차원의 소비이기 때문에 이 두 가지를 하나의 현상으로 엮어서 보기는 어려울 것 같아요. 어떤 분들은 세대의 차이라고도 얘기하는데, MZ세대도 드라마를 좋아하고 30~40대 이상도 쇼츠나 틱톡을 안 보는 건 아니잖아요. 드라마는 드라마대로 틱톡은 틱톡대로 즐기고, 소비하는 형태가 다른 거죠.

그리고 유튜브, OTT, VOD 등 텍스트보다는 영상으로 정보를 접하는 젊은 세대들을 중심으로 콘텐츠를 빠르게 소비하고, 또 다른 콘텐츠로 접근할 시간을 벌고 싶어 하는 욕구들이 많이 보이는데요. 플랫폼에서 재생 속도를 2배속으로 콘텐츠를 시청하거나 원하는 부분만 스킵하며 소비하면서 각자 해소하고 있는 것 같아요. 드라마를 하루에 몰아서 보고 싶긴 한데, 시간은 줄이고 싶어서 빠른 속도로 재생하여 보는 사람들이 꽤 많더라고요. 영상을 만드는 사람들은 플랫폼이나 영상의 용도에 맞게 제작하고, 그 이후는 시청자들이 각자의 스타일대로 다양한 방식으로 소비하면 되는 거죠.

〈인사이더〉 교도소 헌팅

편 한동안 메타버스가 큰 이슈였는데요. 드라마 제작에는 어떤 영향이 있을까요?

민 아직은 메타버스 기술이 드라마에 접목되진 않을 것 같아요. 플랫폼이 메타버스 형태로 변화할 순 있겠지만요. 내용상 활용한다면 어떤 소재가 될 수는 있겠죠. 예전에 〈알함브라 궁전의 추억〉이라는 드라마에서도 가상현실 게임이 소재가 됐잖아요. 그런 것처럼 메타버스 세계관을 바탕으로 캐릭터들이

〈달려라 구구단〉 촬영장 VR 촬영

이야기를 펼쳐나가는 형태가 되겠죠?

그리고 메타버스에서 드라마를 볼 수 있게 만드는 것도 아직 이른 접근인 것 같아요. TV, 핸드폰, 컴퓨터로 바로 볼 수 있는데 굳이 메타버스 환경에 들어가서 AR 기기를 착용하고 시청하는 번거로움을 사람들이 감수할지 의문이에요. 원거리에 있는 사람들이 한 장소에 모여서 주연 배우들과 함께 대화하며 드라마를 보는 형태라면 해볼 수도 있겠지만요. 저도 한때 VR 기술을 드라마 영역에 접목해 보려고 짧게 VR 드라마도 찍어봤었는데요. 기술적으로 더 개발이 필요하기도 하고, 기기 보급 문제도 있어서 그런지, 아직은 시청자들의 반응이 많지는 않은 것 같아요.

성적이 좋지 않아도 드라마PD가 될 수 있나요?

학창 시절에 성적이 좋지 않아도 드라마PD가 될 수 있을까요?

공채는 정형화된 스펙을 많이 보기 때문에 어려울 것 같아요. 그런데 다양한 가능성을 더 열어놓자면, 공채를 볼 수 있는 스펙도 만들고 공부를 두루두루 해놓는 게 제일 좋죠. 지금 당장의 성적이 좋지 않다고 드라마PD가 될 수 없다는 얘기는 아니에요. 서류 전형에서 대학교 성적은 평가에 들어가지만, 중고등학교 시절의 성적까지 보지는 않아요.

〈필름 메이커스〉라는 커뮤니티를 말씀하셨는데요. 그런 경우 가장 중요하게 보는 건 어떤 건가요?

스펙보다는 면접이 중요해요. 〈필름 메이커스〉에는 거의 막내 라인을 뽑는 공고가 올라오거든요. 사실 막내에게 대단한 걸 기대하진 않아요. 곧바로 중요한 메인 업무를 맡길 게 아니기 때문에, 얼마나 의욕이 있는지 성실한지 이 작품을 끝까지 할 수 있는지 구성원들과 관계가 원활할지 그리고 의사전달 능력이 좋은지 정도의 면접을 보죠. 드라마에 애정과 열

〈 드라마 스태프 연락망 〉

담 당	이 름	연락처	소 속	담 당	이 름	연락처	소 속
극 본				공동제작사 1			
연 출				대 표			
				본부장			
보조작가				공동제작사 2			
내부 조연출				제 작			
야외 조연출				제작본부장			
연출부				제작총괄			
				제작PD			
스크립터				라인PD			
				제작 행정			
로케이션				미술 STAFF			
촬영팀				미술팀			
촬영감독 A							
촬영감독 B							
A 포커스				소품팀			
A 촬영팀							
B 포커스				세트팀			
B 촬영팀				조경팀			
조명팀				의상팀			
조명감독							
조명팀				분장미용팀			
발전차				후반 STAFF			
그립팀				편집			
그립실장				가편기사			
그립팀				편집보조			
				음악감독			
동시팀				음악효과			
동시기사				사운드믹싱			
동시팀				종합편집			
				CG			
DIT팀				DI			
데이터매니저				스틸 / 메이킹			
				스틸			
보조출연							
보조출연				메이킹			
캐스팅팀				사업 / 홍보			
캐스팅디렉터				홍보			
				마케팅			
아역 캐스팅				소품 차량 / 특수 차량			
외국인 캐스팅				소품 차량			
무술 / 특효				렉카			
무술감독				차량 지원			
무술지도				연출 봉고			
특수효과				스태프 버스			
카메라 렌탈 / 특수장비				카메라 봉고 A			
카메라 렌탈				카메라 봉고 B			
드 론				차량 배차			
대본 인쇄				의상 탑차			
대본 인쇄				소품 탑차			

드라마 스태프 연락망 양식

차갑고 뜨거운 종합예술인
드라마PD

정이 있다는 걸 보여줄 수 있으면 더 좋고요. 영상에 관심이 많았다는 말만 하는 것보다는 실제 영상을 제작해서 유튜브나 SNS에 올려본 경험이 있다면 더 설득력이 있겠죠. 그런 경험을 더 중요하게 봅니다.

편 어떻게 보면 진입이 굉장히 쉽네요.

민 쉽게 들리지만, 면접을 통과하지 못하는 경우도 많아요. 쉽게 시작하더라도 진입한 이후에는 본인의 노력과 능력에 따라 많은 것들이 달라지거든요. 공채를 통해서 지름길로 가는 형태가 아니잖아요. 성장하고 인정받는 기간만큼 멀리 돌아서 늦게 연출자로 데뷔하는 거니까 그 중간 과정을 줄이는 것이 열정과 능력의 차이겠죠.

편 연출이 되기 위해 유리한 전공이나 자격증이 있나요?

민 저는 전공은 중요하지 않다고 생각해요. 실제로 현역에 있는 분들을 보면 공대 출신도 있고 사회학과, 철학과 등 전공이 다 다르거든요. 국문학이나 문예창작과 출신이어서 문학적으로 글을 잘 쓴다거나, 영상학과나 연극영화과 출신이어서 영상을 다루는 기술이나 연기를 좀 더 깊이 있게 연출하는 가르침을 받았다면 실제 업무에 도움이 될 수는 있을 것 같아요. 그리고 연출에 필요한 공인 자격증이랄 건 없지만 필요하다면 운전면허증 정도인데, 그게 없어도 업무에는 아무 지장이 없어요.

편 그럼, 학교나 아카데미를 가는 것보다 현장에서 경력자에게 배우는 게 더 도움이 될까요?

민 아카데미를 가거나 학교에서 전공을 한다면 기본적인 개념이나 기술적인 부분에서는 분명히 도움이 되죠. 어쨌든 전공자들은 습작이나 과제를 하면서 여러 가지를 먼저 경험하게 되고, 그러면서 이해도도 더 높아지니까요. 다만, 그런 부분만

〈해피시스터즈〉 촬영 현장 붐오퍼레이터

가지고 연출을 할 순 없는 것 같아요. 작품이나 촬영 현장에 따라서 스태프나 배우도 다르고, 돌발적으로 일어나는 상황이 제각각 다르거든요. 그런 부분은 학교가 아닌 현장에서의 경험치가 쌓이지 않으면 알 수 없어요. 경험한 만큼 이해도나 대처 능력도 달라지고요.

편 결국은 경험이 중요하네요.
민 네. 그래서 저는 전공보다는 경험을 더 중요하게 생각하는 편이에요. 다른 전공이라도 단편이나 유튜브 같은 영상을 제작해 봤는지, 영상 제작 현장을 경험해 봤는지, 직접 연출이나 스태프를 해봤는지에 따라 차이가 있겠죠.

어떤 사람이 이 직업에 잘 맞을까요?

편 어떤 사람이 이 직업에 잘 맞을까요?

민 우선 영상에 기본적으로 관심이 있어야겠죠. 그리고 호기심이 많은 사람이 잘 맞을 것 같아요. 사람들의 다양한 모습과 세상에 대한 호기심이 많으면 새로운 것을 알아보고 발견할 수 있는 가능성이 높으니까요. 그리고 안정적인 사람보다는 새로운 변화를 즐기는 사람이 더 맞을 것 같아요. 작품마다 같이 일하는 사람도 바뀌고 장소도 바뀌고 상황도 바뀌는데, 그런 부분에 스트레스를 받는다면 일하기 힘들거든요. 조금 더 모험적인 성향이 이 일에 잘 맞을 것 같아요.

거기에 더 필요한 부분이라면 방향성에 따라 기획을 잘할 수 있는 사람이에요. 자신이 하려는 이야기를 어떻게 표현할 것인가가 중요한 일이니까요. 그리고 사람들과 만나서 소통하는 걸 좋아하는 사람이라면 더 재미있게 일할 수 있을 거예요. 포용할 수 있는 그릇도 커야 하고요. 연출은 많은 스태프의 수장이에요. 현장에서 각 파트의 의견이 부딪칠 때 조율하고 최종적으로 결정하는 사람이죠. 그 과정에서 스태프들 사이에 갈등이 생기지 않도록 커뮤니케이션할 줄 알아야 해요.

이 직업과 맞지 않는 사람이 있을까요?

편 그럼, 이 직업과 맞지 않는 사람이 있을까요?

민 너무 낯을 가리고 내성적이어서 사람들과 잘 어울리지 못한다거나 혼자 있는 시간을 좋아하는 분들은 힘들 것 같아요. 워낙 많은 사람이 서로 유기적으로 얽혀서 일하는 게 촬영 현장이거든요. 아마 그런 분들은 드라마 작가도 힘들 거예요. 드라마 작가는 혼자 써서 작업이 끝나는 게 아니거든요. 제작사의 니즈도 반영해야 하고, 연출이나 배우의 의견도 들어야 하고요. 그래서 소설이나 영화 시나리오 작가보다 조금 더 열려 있어야 해요.

그리고 너무 독선적이어도 안 될 것 같아요. 혼자 하는 일이 아니기 때문에 협업이 중요하고, 상호 존중하는 문화 속에서 옳고 그름을 바로바로 이야기할 수 있어야 더 좋은 결과물을 기대할 수 있어요. 예전에는 적당한 독재는 필요하다며 독선적인 스타일의 감독님들도 계셨죠. 그런데 요즘에는 환영받지 않는 커뮤니케이션 방식이에요. 그렇게 일할 수 있는 분위기도 아니고요. 현장도 많이 바뀌었어요.

편 학생들이 영상을 제작해 보는 것 외에 어떤 경험을 하면 좋을까요?

민 기본적으로는 공부도 열심히 하고 학교생활에 충실해야 겠죠. 거기에 다른 활동도 잘 즐겼으면 좋겠어요. 동아리 활동 이나 봉사활동, 아르바이트도 좋고요. 학교 밖에서 경험할 수 있는 것들도 해보면 좋을 것 같아요. 어쨌든 사회적인 경험이 나 남들이 해보지 않은 것들을 해보는 게 결국은 자신에게 좋은 재산이 되니까요. 누구나 겪는 학교생활에 조금 더 유니크 한 이야기를 더할 수 있다면, 안전한 테두리 안에서는 여러 가 지를 시도해 봤으면 좋겠어요.

저의 이야기를 들려드리자면, 대학 연합 합창동아리 활동 을 하면서 방송이나 행사에 참여할 기회들이 많았어요. 그 외 에 영상 제작이나 행사 진행을 하는 활동과 촬영 보조 아르바 이트도 해봤고, 대학 본부에서 아르바이트할 땐 역대 가장 큰 동문 행사 기획, 진행팀으로도 일했어요. 학과 동기와 그 당시 유행했던 '윈앰프'라는 도구로 개인 라디오 방송을 개설해서 DJ를 해보기도 했고요. 여러 방면으로 방송 현장을 겪어보면

흔한 조연출 사무실 풍경

서 구체적인 방향성을 잡을 수 있었죠. 쇼 연출이나 라디오PD
가 될 것인가, 시사 프로그램과 다큐멘터리를 만들 것인가, 여
러 가지 방향으로 고민했거든요.

드라마PD가 되면

편　드라마PD가 되면 어떤 일을 먼저 하게 되나요?

민　회사에 입사해서 조연출로 시작했지만, 아직 아무것도 모르잖아요. 프로그램 현장에 투입이 되더라도 회사 내에서는 신규 기획안을 분석하거나, 다른 드라마 모니터링도 하면서 드라마를 좀 더 정교하게 분석하는 방법을 배우고, 단계별로 어떤 공정을 거쳐서 드라마가 제작되는지 현장 OJT 기간을 갖습니다.

　　담당 조연출로 배정받은 작품은 대본 분석, 미술 준비, 촬영, 후반 작업까지 팔로우하는 것들은 기본으로 하면서 촬영 현장에 나가면 연출부 막내들이 하는 허드렛일까지 다 같이 했어요. 지금은 제작 부서에서 담당하는 일이지만 현장에 음료나 간식을 준비하고, 누가 다치면 병원을 데려가고, 밥차를 부르고 세팅하고, 주민들 민원이 들어오면 출동한 경찰관도 응대하고, 주차나 교통 통제, 영수증 정리, 홍보용 현장 사진이나 메이킹 영상을 찍기도 했고요. 그렇게 현장에서 부딪히면서 하나씩 다 배웠어요. 요즘은 분업도 되어있고 파트별로 인원도 증원되어서 상황이 좀 다르지만, 저는 현장에서 작품에

〈세자매〉 조연출 서류 작업

도움이 될 수 있는 일이라면 닥치는 대로 했어요. 그런 과정들이 저에게는 큰 경험과 자산이 되었죠.

그렇게 촬영을 마치고 나면 편집실에서 예고편 편집을 해요. 사실 신입이 만든 예고편을 실제로 방송에 쓰진 않아요. 선배들이 성장 기회를 주는 거죠. 만들고 나면 코멘트도 해주고요. 여러 가지를 몸소 체득하며 성장하는 수련 기간이었어요. 요즘은 파트별로 역할이 나뉘어 있어서 신입 PD들이 그 정도로 다양한 일을 하진 않아요. 어찌 보면 직접 경험해 볼 기회가 줄어든 건데, 모든 파트에 직간접적으로 참여하기 때문에 조금만 욕심을 부리면 더 깊게 경험할 수 있어요.

〈미스 마: 복수의 여신〉 촬영 현장 조명 크레인

[편] 그렇게 연출부 생활을 하다가 제작자의 눈에 들면 PD가 되는 건가요?

[민] 저는 공채로 드라마PD가 되려고 들어갔고, 힘들고 험난한 조연출 생활을 열심히 하다 보면 언젠가 메인 연출자로 입봉하는 어느 정도 보장된 케이스였죠. 공채 PD로 시작하든 연출부로 시작하든 단계별로 일을 주는데, 제작자나 연출 선배들이 능력이나 연차별로 이 정도 일은 맡겨도 되겠다는 판단을 해요. 조연출로 야외 촬영을 시켜 보고 과정이나 결과물이 괜찮으면 B팀 연출을 맡기거나 단막극, 웹드라마같이 소규모 작품의 연출을 해보죠. 그 정도 단계가 되면 큰 작품의 공동 연출을 하다가 단독으로 드라마 연출이 되는 과정이 일반적이에요. 저도 그렇게 차근차근 단계를 거쳐서 연출자가 됐고요.

[편] 공채가 아니면 발탁하는 시스템이네요.

[민] 공채로 들어왔더라도 적성에 맞지 않아서 연출이 되지 않는 경우도 있어요. 그런 사람은 데스크에서 판단해서 연출 외

에 기획이나 제작 등 적성에 잘 맞는 다른 업무를 하죠. 현장에서도 FD나 조연출을 하면서 잘 왔지만, 막상 메인 연출은 잘 못하는 경우도 있거든요. 단계별로 필요한 소양이나 각자의 성향이 다르기 때문이라고 생각해요. 같이 일하는 연출 팀원들도 제가 꾸준히 기회를 주면서 좋은 연출자로 성장하도록 끌어주려고 노력하고 있어요. 저와 드라마를 하면서 B팀이나 조연출로 인정받을 만한 성과를 보여주면, 제작자들이 보고 기회를 주거나 함께 기획하는 작품 중에 메인 연출로 끌어주면서 입봉하게 되는 거죠.

편 막내부터 조연출까지 거치면서 나중에 입봉하는 거네요.

민 보통 대부분의 케이스는 그렇죠. 조금 다른 경우도 있긴 한데요, 다른 파트 출신인데 연출부로 전향했다가 감독이 된 경우예요. 어찌 됐든 조연출을 거쳐서 연출자가 되는 게 정석이에요.

편 그래도 몇 작품은 해봐야 한다거나 몇 년은 경력이 있어야 한다는 게 있나요?

민 예전엔 조연출 7~8년 하면 연출 입봉할 때쯤 됐다고 했었는데요. 최근엔 시장이 빠르게 성장하면서 인력이 많이 필요하다 보니 이전보다 짧은 연차에도 입봉하는 케이스가 많았어요. 그래도 통상적인 입봉 연차는 여전히 비슷해요. 꼭 몇 작품 이상 해봐야 한다는 것이 정해져 있는 건 아니에요. 하지만 다양한 장르와 규모의 드라마 현장 경험이 쌓이면, 향후 연출자가 되어서 진두지휘할 수 있는 기본 토양을 탄탄하게 만들어주기 때문에 중요한 거죠. 작품 경력이나 현장 경험이 많으면 현장에서 벌어지는 수많은 돌발 상황에 '이럴 땐 이렇게 하면 된다.' 빠르게 결정을 내리고 대안을 제시할 수 있어요. 그런 이유로 누구나 빨리 연출자가 되어 메가폰을 잡고 싶어 하면서도 '이 정도 경력으로 연출자로 데뷔하면 작품을 잘 이끌어갈 수 있을까?'라는 고민도 동시에 하게 되는 거죠.

천재성이 필요한 직업인가요?

편 드라마PD는 한 개인의 천재성이 필요한 직업인가요? 어떻게 생각하세요?

민 개인의 천재성으로 시대를 뛰어넘는 작품을 만들어낼 수 있다고 생각해요. 남들이 생각하지 못하는 영역을 창조해 내고 형상화하는 것이 그 작품만의 고유한 특징이 되고, 그걸로 대중의 사랑을 받을 수도 있으니까요. 하지만 드라마PD는 개인의 천재성만으로 작품을 끌고 갈 수 있는 직업은 아니에요. 많은 분야의 전문가들이 모여 만들어지는 공동작업물이죠. 좋은 아이디어를 최고의 결과물로 완성되도록 스태프들을 잘 이끌어가는 기술도 중요하다고 보거든요. 영화는 감독이 시나리오까지 쓰는 경우가 많으니까 창조 영역에서 본인의 천재성이 필요한 부분도 있지만, 드라마는 글을 쓰는 작가의 영역과 영상화를 하는 연출자의 몫이 구분되어 있죠. 천재성이 필요하다기보다는 배우들과 소통하며 캐릭터에 재미를 불어넣거나, 스태프들과 함께 독특하고 개성 있는 미술과 영상을 잘 만들어 나가는 게 더 중요하다고 봐요.

편 영화 연출자들이 드라마PD를 하는 경우가 많아지는 것 같아요. 이건 어떤 현상일까요?

민 제작하는 드라마 편수가 빠르게 증가했던 것에 비해 업계 내 연출 인력이 부족했던 것이 하나의 이유였죠. 또 다른 이유로는 OTT 시장에서 영화와 드라마가 같이 소비되는 비중이 커지면서 점점 드라마와 영화의 경계가 사라지는 것 같기도 해요. 최근에는 코로나 때문에 영화시장이 침체해서 촬영을 마치고도 개봉하지 못하는 영화들도 많다고 들었어요. 그러면서 영화 스태프들이 드라마 업계로 많이 왔고요. 예전에는 영화 하는 사람은 영화만 드라마는 드라마만 하겠다는 생각이 강했는데, 그때그때 시장 상황에 따라서 움직이기도 하죠.

요즘엔 OTT 플랫폼에서 6부작, 8부작으로 짧게 드라마를 제작하기도 하고, 오리지널 시리즈를 영화적인 느낌으로 기획해서 영화감독을 시리즈물 연출로 선임하는 경우도 있다고 해요. 아니면, 처음에 영화로 준비하다가 에피소드가 많으면 사이즈를 키워서 시리즈물로 나눠서 내보내는 경우도 있고요. 그만큼 제작 형태가 다양해져서 가능한 일이죠. 드물지만 드라마PD에서 영화 연출을 한 케이스도 있고요. 스태프 영역에서는 드라마와 영화의 구분이 이미 거의 없어졌어요.

편 영화와 드라마의 차이점은 뭐라고 생각하세요? 프리, 프로덕션, 포스트라는 제작 과정도 거의 비슷하고, 스태프들도 이미 구분이 없어졌잖아요.

민 영화는 러닝타임이 두 시간, 길어야 세 시간 내외에서 원하는 이야기를 다 풀어내야 해요. 짧은 시간 안에 배경과 캐릭터 설정값을 설명한 뒤에 이야기의 기승전결도 속도감이 있어야 하는 영상물이죠. 그리고 시간당 제작비를 봤을 때, 드라마보다 예산이 커서 완성도를 높이는 작업에 예산을 투여하고 시간과 공력을 쏟을 수 있는 제작 환경이에요. 그래서 디테일과의 싸움을 더 많이 할 수 있는 필드인 것 같아요. 좋은 장면 하나를 위해서 하루에 한 신을 찍더라도 미장센에 더 신경 쓰면서 공을 들이는 작업을 하죠. 그렇게 했던 가장 큰 이유는 작은 TV가 아닌 대형 스크린에 영화가 걸리기 때문이에요.

반면 드라마는 이야기를 전개하는 시간이 길죠. 캐릭터나 배경을 묘사할 시간도 영화에 비해서는 충분하고, 전체적인 서사의 기승전결을 베이스로 해서 회별로도 기승전결을 만들어내는 작업을 하고요. 6부작에서 24부작까지 여러 회를 통해

〈미씽〉 카페 하와이 미술 프리 비주얼

긴 흐름을 이어가야 하므로 영상도 중요하지만, 서사에 더 집중하는 분야인 것 같아요. 그래서 비슷하다고 생각할 수 있지만 이야기 방식이나, 영상 문법, 사용되는 소재, 풀어내는 해법이 다르기 때문에 아무리 경계가 모호해졌다고 해도 서로 다른 영상 분야인 것은 분명해요.

근무 시간이나 휴가, 복지 제도는 어떤가요?

편 근무 시간이나 휴가, 복지 제도는 어떤가요?

민 근무의 개념을 어디까지로 보느냐에 따라 다르지만, 일반 사무직보다는 근무 시간이 길다고 봐야죠. 드라마PD는 사무실, 촬영장, 편집실, 작가실 등 제작 전반을 지휘하다 보면 일주일을 꼬박 채우는 경우도 많거든요. 촬영 일정에 맞춰서 근무일과 휴일이 정해지고, 낮과 밤이 뒤바뀌는 등 불규칙한 경우가 많다 보니 일할 때 몰아서 하고 쉴 때도 몰아서 쉬는 경우가 많아요. 일반인들이 생각하는 휴일에 일해야 하는 경우도 많고요.

방송사나 제작사, 제작 현장 모두 법적으로 정해진 권장 근로 시간 내에서 일하게 되어 있어요. 하지만 드라마PD로 일하면서 작품을 하는 기간에는 삶과 일의 구분이 명확하게 되지 않거든요. 오늘은 일 생각 안 하고 쉬어야지 해도 걸려 오는 연락도 많고, 촬영 날이 아니어도 아이디어가 생각나면 그때그때 정리해야 하는 일도 많고요. 모든 스태프가 모여서 촬영할 땐 칼같이 근로 시간이 지켜지지만, 그 외의 업무들은 정확히 근무 시간을 계산하기가 어려워요. 준비 과정 없이 촬영할 수도 없고요. 방송사, 제작사 PD는 회사에 소속되어 있으니 법적으로 보장된 연차나 휴가 제도가 있지만, 프리랜서는 그런 게 없이 스스로 결정하는 개념이죠. 일할 때는 장기간 휴일도 반납하고 일하는 경우가 많고, 작품이 끝나면 그동안 쌓였던 휴가를 장기간 쓰는 경우가 대부분이에요.

근무 여건을 논하자면, 드라마PD는 회의나 기획을 할 때는 사무직처럼 내근도 하지만 촬영장에서는 몸을 쓰는 경우가 많아요. 야외 노동을 견딜 수 있는 체력과 정신력이 있어야 해요. 여름에는 뜨거운 햇빛, 조명을 보고 달려드는 벌레도 이겨내야 하고, 겨울에는 영하의 추위 속에서 밤을 새워 촬영하는 일도 많아요. 수많은 자연현상을 견뎌내야 하는 직업이죠.

편　드라마PD는 휴가를 어떻게 보내나요?

민　작품이 끝나면 그동안 못 쓴 연차나 대휴를 한꺼번에 사용해요. 거의 한두 달은 되거든요. 회사 소속이 아닌 경우는 일이 끝나면 다음 일을 잡고, 근무를 시작할 때까지 휴가를 보내요. 휴가 기간의 대부분은 그동안 함께 못했던 가족이나 친구들과 시간을 많이 보내고요. 일하는 동안 쌓인 피로나 스트레스도 풀고, 새로운 것들을 채워서 오기 위해 여행도 많이 가요. 그동안 보지 못했던 책, 영화, 드라마 등 다른 작품들을 몰아서 보기도 하죠.

　작품을 같이 했던 스태프나 배우들과 함께 여행을 떠나기도 해요. 작품이 흥행에 성공한 경우, 방송사나 제작사에서 포상으로 준비한 단체여행을 떠나는 일도 많이 있거든요. 쉬는 동안 개인적으로 단편영화 작업을 하는 사람들도 있고, 유튜브 콘텐츠를 만들어 보거나 여러 가지 도전을 하기도 해요. 이런 시간을 빌려 드라마 제작을 하면서 겪지 못하는 새로운 영상 세계를 경험해 보는 거죠. 다음 일정이 정해져 있는 경우는 휴가와 관계없이 곧바로 다음 작품을 준비하기도 하고요.

편 정년은 어떻게 되나요? 보통 정년퇴직 후에는 어떤 일을 하죠?

민 보통 방송사의 경우 60세에 정년을 맞이하는 걸로 알고 있어요. 현업에서 언제까지 하느냐는 사람마다 다르지만, 보통은 연차에 따라 EP나 국장, 본부장 등 프로듀싱 데스크로 옮겨가는데 필드에서 디렉터로 끝까지 정년을 맞고 싶다는 분들도 있어요. 프리랜서의 경우는 정년이 따로 없어서 80세까지도 현장에서 연출하는 감독님도 있고요.

정년 시기는 나이의 문제보다는 업무 강도가 높은 제작 현장을 체력적으로 잘 버티고, 새로운 트렌드에 맞춰서 시청자들과 소통할 수 있는지의 능력인 것 같아요. 그에 따라서 제작자가 이 연출자를 선임하느냐 아니냐의 이슈가 맞물려 있으니까요. 연출 직군을 떠나서도 다른 일을 하면서 커리어를 이어가는 경우도 많아요. 새로운 일을 찾아 제2의 인생을 살아가는 선배들도 있지만, 같은 업계에서 열정을 이어가는 경우를 더 많이 봤죠. 외주제작사를 차려서 제작을 하거나 작가와 작품 기획을 하거나 연예기획사를 차려서 배우 양성을 하기도 하고요.

편 이 직업이 앞으로 어떻게 변화할까요?

민 미래에 AI가 대체할 수 있는 직업 리스트가 언론에 공개되면서 사람들 사이에 화제가 된 적이 있죠. AI가 글을 쓰고 영상을 편집하고 광고도 만든다고 하잖아요. 그런데 드라마 PD라는 직업은 작가, 배우, 스태프 등 다양한 사람들 속에서 상호 소통하며 방향을 결정해야 해요. 무에서 유를 창조하고 현장의 라이브 한 상황에 대응하며 만들어지는 부분이 크기에 미래에도 지속될 수밖에 없지 않을까 생각해요. 더 많아질지는 모르겠지만, 최소한 줄어들 것 같지는 않아요.

그리고 AI가 대체할 수 있는 노동력이 많아질수록 사람들이 즐길 거리가 더 필요하게 되겠죠. 그래서 엔터테인먼트가 중요한 사업 영역이 될 것이라는 전망도 있어요. 예를 들면 그동안에는 운전할 때 영상을 볼 수 없었지만, 자율주행으로 바뀌면 차 안에서 콘텐츠를 소비할 수 있는 시간이 더 생기는 거죠. 그러면 드라마를 비롯한 영상 콘텐츠들이 꾸준히 소비될 거예요. 특히 이야기라는 것에 인류가 매료되어 있기 때문에 드라마, 영화 같은 스토리 산업은 계속 번성할 거라 생각해요.

기술이 발전하고 사람들의 생활 환경이 바뀌면 드라마의 형태도 바뀌겠죠. 드라마PD의 일하는 방식에도 변화가 있고요. 할리우드 영화도 그렇고 이미 우리나라 드라마에서도 로케이션 현장을 옮겨 다니지 않고, 크로마 세트장이나 LED 스튜디오에서 촬영하고 컴퓨터 그래픽으로 배경을 창조하는 작품들이 있어요. 앞으로 기술이 보완되어 뒷받침되면, 제작 효율을 높이기 위해 그런 환경에서 촬영하는 일들이 더 많아질 거예요. 요즘 가상 캐릭터들이 등장하여 광고 모델이 되기도 하는 걸 보면, 미래에는 실제 배우가 없어도 특정 배우의 캐릭터를 스캔하여 작품을 만드는 날이 올 수도 있고, 메타버스나 XR 환경 안에서 시청자 참여형으로 구현되는 스토리 영상이 만들어지기도 하겠죠. 그런 미래 흐름에 빠르게 적응하고 도전하는 사람이 다음 드라마 시장을 이끌어갈 거예요.

민연홍 PD의
연출 노트

MEMO 흔한 사무실 풍경

MEMO VR 기술 교육

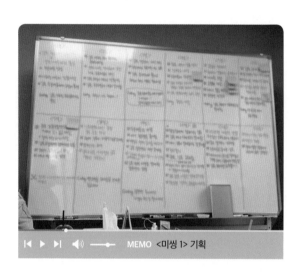

MEMO <미씽 1> 기획

MEMO <터치> 자료조사 견학

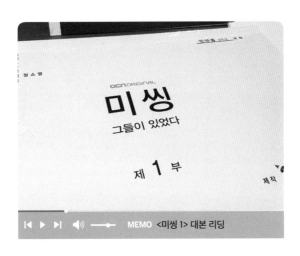

MEMO <미씽 1> 대본 리딩

MEMO <터치> 대본 리딩

▎◀ ▶ ▶▎ ◀)) ——● MEMO <해피시스터즈> 캐스팅 리딩

▎◀ ▶ ▶▎ ◀)) ——● MEMO <미스 마: 복수의 여신> 테스트 촬영

I◀ ▶ ▶I ◀)) —○— MEMO <애간장> 촬영 장비 세팅

I◀ ▶ ▶I ◀)) —○— MEMO <해피시스터즈> 콘티

MEMO <그래도 당신> 야외 촬영 콘티

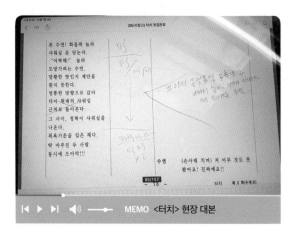

MEMO <터치> 현장 대본

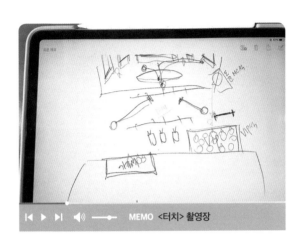

MEMO　〈터치〉 촬영장

MEMO　〈인사이더〉 촬영 계획도

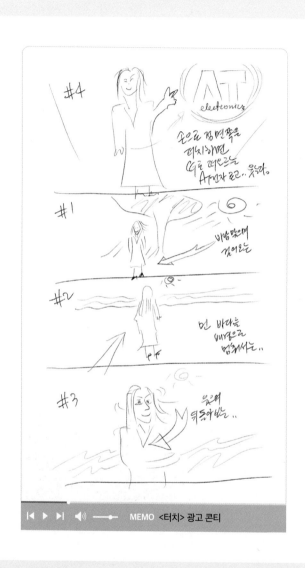

|◀ ▶ ▶| ◀)) ──● MEMO **<미씽 2> 세계관**

|◀ ▶ ▶| ◀)) ──● MEMO **<터치> 비행기 세트장 헌팅**

◄◄ ► ►◄ 🔊 ━━━ MEMO <인사이더> 교도소 헌팅

◄◄ ► ►◄ 🔊 ━━━ MEMO <달려라 구구단> 헌팅

차갑고 뜨거운 종합예술인
드라마PD

MEMO <미씽 2> 세트 제작

MEMO <미씽 2> 현장 미술 세팅

▮◀ ▶ ▶▮ ◀» ——● MEMO <미씽 2> 오픈 세트 제작

무천시 폐공단_3공단_슈퍼 외관 보호수 ver.1

▮◀ ▶ ▶▮ ◀» ——● MEMO <미씽 2> 오픈 세트 제작

차갑고 뜨거운 종합예술인
드라마PD

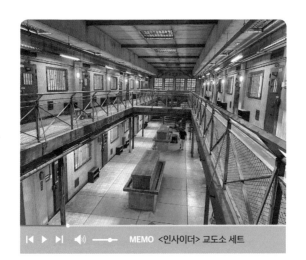

|◀ ▶ ▶| ◀») —— MEMO <인사이더> 교도소 세트

|◀ ▶ ▶| ◀») —— MEMO <인사이더> 교도소 프리 비주얼

|◀ ▶ ▶| 🔊 ━━━ MEMO <인사이더> 세트 세팅

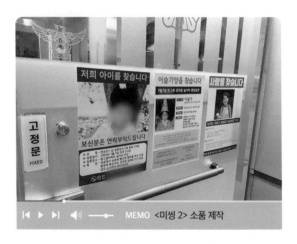

|◀ ▶ ▶| 🔊 ━━━ MEMO <미싱 2> 소품 제작

컨셉1. 마피아 정석st
쓰리피스 수트 / 베스트에 약세 or 멜빵 / 가죽장갑 / 구두

I◀ ▶ ▶I ◀» —● MEMO <미씽 2> 의상 콘셉트

I◀ ▶ ▶I ◀» —● MEMO <미씽 2> 의상

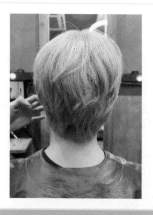

◀ ▶ ▶▎ ◀ᴐ) ━━ MEMO <미씽 2> 헤어

◀ ▶ ▶▎ ◀ᴐ) ━━ MEMO <미씽 2> 촬영 현장

MEMO <미씽 2> 촬영 현장

MEMO <미씽 2> 촬영 현장 와이어 캠

MEMO <미싱 2> 촬영 현장 결계 CG

MEMO <미싱 1> 촬영장

◄ ► ►❙ ◄)) ━━━ MEMO <미씽 2> 첫 촬영

◄ ► ►❙ ◄)) ━━━ MEMO <여자만화 구두> 촬영장

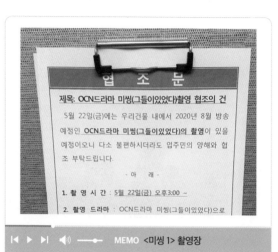

|◄ ► ►| ◄))) ━●━ MEMO <미씽 1> 촬영장

|◄ ► ►| ◄))) ━●━ MEMO <그래도 당신> 촬영장

MEMO <사랑하는 사람아> 특수효과

MEMO <미스 마: 복수의 여신> 촬영장

|◀ ▶ ▶| ◀)) ━━● MEMO <세자매> 녹화

|◀ ▶ ▶| ◀)) ━━● MEMO <세자매> 녹화

차갑고 뜨거운 종합예술인
드라마PD

◄ ► ►I ◄)) ──●── MEMO <왕과 나> 조연출

I◄ ► ►I ◄)) ──●── MEMO <세자매> 특수효과

MEMO <애간장> 촬영장

MEMO <여자만화 구두> 촬영장

I◀ ▶ ▶I ◀)) ━━●━━ MEMO <터치> 촬영장

I◀ ▶ ▶I ◀)) ━━●━━ MEMO <왕과 나> 편집실

◁ ▶ ▷ 🔊 —●— MEMO <내일이 오면> 편집실

◁ ▶ ▷ 🔊 —●— MEMO <달려라 구구단> 편집

차갑고 뜨거운 종합예술인
드라마PD

MEMO <세자매> 예고 편집

MEMO <터치> 사운드 믹싱

MEMO <인사이더> 종합 편집

MEMO <세자매> 종합 편집

MEMO <미스 마: 복수의 여신> 종편

MEMO <터치> 제작발표회

MEMO <내 사위의 여자> 기자간담회

차갑고 뜨거운 종합예술인
드라마PD

MEMO <해피시스터즈> 표창

MEMO 유공상

▮◀ ▶ ▶▮ ◀))) ━━━━ MEMO <내일이 오면> 옴부즈만 프로그램 홍보

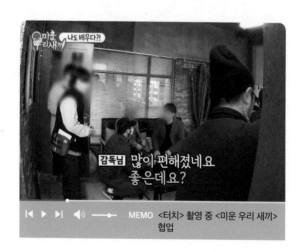

▮◀ ▶ ▶▮ ◀))) ━━━━ MEMO <터치> 촬영 중 <미운 우리 새끼> 협업

이 책을
마치며

편 지금까지 장시간의 인터뷰였습니다. 이제 마무리할 시간인데, 소감이 어떠신가요?

민 미래의 드라마PD가 될 학생들이 이 책을 본다고 생각하니 한마디 한마디 더 신중해지고 조심스럽네요. 저의 경력이나 경험들이 미래에 도움이 되는 것들인지 다시 생각해 보기도 했고요. 빠르게 변화하는 세상 속에서 진보된 기술이 적용되고, 세대별 문화의 흐름이 바뀌고, 글로벌 시장 환경도 변화하는 업계이다 보니 저의 이야기 중에는 전래동화처럼 들리는 부분도 많을 거로 생각해요. 이 책의 내용이 여러분들의 미래 설계에 조금이나마 도움이 되고, 영감이 되는 한 마디가 기억에 남아 올바른 직업 선택에 디딤돌이 되면 좋겠어요. 미래에 훌륭한 드라마PD가 되어 업계에서 만나게 되는 꿈을 꾸며 여러분의 멋진 미래를 응원할게요!

편 인터뷰를 하면서 한 편의 드라마 속에 녹아 있는 수많은 사람의 열정과 노력, 재능에 감사한 마음이에요. 많은 사람이 시청자에게 드라마의 메시지와 감동을 전달하기 위해 노력한다는 게 신기하고 굉장해요.

민 드라마 한 편을 만드는 데엔 정말 많은 사람의 노력과 시간이 녹아 있어요. 드라마PD뿐만 아니라 같은 꿈을 갖고 함께

하는 수많은 스태프와 배우들의 고민과 땀방울로 한 컷 한 컷
이 완성되죠. 그 사실을 잊지 않고 시청해 주신다면, 드라마에
서 오는 감동에 더해 또 다른 감동도 받을 수 있을 거예요. 드
라마가 끝나고 스태프 스크롤이 올라갈 때, 화면 뒤에 보이지
않는 우리들의 모습도 한 번쯤 떠올려주신다면 그걸로 큰 행
복이죠.

편 민연홍 PD님의 인생 계획, 드라마PD로서의 계획을 들려
주세요.
민 저는 또 새로운 이야기와 감동과 재미를 찾아 세상을 유
랑하고 있겠죠. 드라마를 비롯한 이야기를 담은 영상들로 세
상 사람들과 소통하고, 우리가 사는 세상이 좀 더 아름다워지
기를 꿈꾸며 살아가는 것이 현재 저의 유일한 계획이에요. 앞
으로도 계속 그렇게 살아갈 거고요.

편 이 책을 읽는 청소년, 그리고 진로 직업에 대해 고민하는
많은 사람이 어떤 직업인이 되기를 바라나요?
민 '직업이라서 일이라서 돈을 벌기 위해서'라면 금방 지치
고 따분해지고 괴로워져요. 그보다는 큰 뜻을 가지고 일을 해
나가면 좋겠어요. 큰 뜻이 우선이 된다면 진로에 대한 방향도

훨씬 명확해지고 열정도 오래 지속될 거예요. 내가 하는 일의 가치를 좀 더 높게 여기고, 내 땀방울 하나하나가 이 사회에 보탬이 되고, 나와 우리 가족의 삶을 더 행복하게 만든다고 생각하면 어떤 직업을 갖고 일을 해나가도 행복하지 않을까요?

편 PD님은 이 직업을 통해 행복해지셨나요?

민 너무 행복하죠. 저만 행복한 게 아니라 세상의 수많은 사람에게 이야기를 들려주며 즐거움과 감동을 전하고, 함께 행복해질 수 있어서 더 좋아요.

편 청소년 여러분, 드라마PD의 세계를 충분히 경험하셨나요? 우리의 삶 자체가 한 편의 이야기라면, 그 삶의 주체인 여러분은 이미 드라마의 주인공입니다. 자신의 멋진 드라마를 아름답게 만들어가는 여러분을 상상해 보세요. 그리고 타인의 삶과 마음에 위로를 건네고 싶다면, 드라마PD라는 직업을 통해 영상 언어로 수많은 사람을 만나고 위로하고 격려하기를 기원합니다. 뜨겁게 살아도 대충 살아도 똑같이 지나가는 시간이라면, 여러분의 삶이 누군가에게 선한 영향을 미칠 만큼 따뜻하고 아름답게 채워지기를 바라요. 이 세상의 모든 직업이 여러분을 차별하지 않고 모든 문을 활짝 열 수 있도록 잡프러포즈 시리즈는 부지런히 달려갑니다. 다음 편에서 뵙겠습니다! 감사합니다.

〈애간장〉 수중 촬영 현장

나도
드라마PD

세상에 벌어지는 주요 이슈들에 "왜?"라는 질문
던져보기

주변 사람들을 유심히 관찰하고 독특한 특징을 찾아 정리해 보기

 짤막하게 주제를 잡아 글을 쓰고 영상으로 만들어 보기

소설, 영화, 만화, 드라마 등 다양한 작품을 본 뒤
감상평과 개선 아이디어 정리해 보기

작은 무대라도 용기 내어 서보거나 리더가 되어
사람들을 인솔해 보기

청소년들의 진로와 직업 탐색을 위한
잡프러포즈 시리즈 62

차갑고 뜨거운 종합예술인
드라마PD

2023년 8월 16일 | 초판1쇄

지은이 | 민연홍
펴낸이 | 유윤선
펴낸곳 | 토크쇼

편집인 | 김수진
교정 교열 | 박지영
표지디자인 | 이든디자인
본문디자인 | 김연희
마케팅 | 김민영

출판등록 2016년 7월 21일 제2019-000113호
주소 | 서울시 마포구 월드컵북로98, 2층 202호
전화 | 070-4200-0327
팩스 | 070-7966-9327
전자우편 | myys327@gmail.com
ISBN | 979-11-92842-43-1(43190)
정가 | 15,000원